市民の考古学——16

土器の
はじまり

小林謙一編

同成社

はじめに―土器のはじまりを探る―

　2000年11月に、日本考古学最大のスキャンダルといわれる「前期旧石器ねつ造事件」が起きた。その後、日本考古学協会の検証作業を通じて、藤村新一氏の関与した遺跡を中心に認定された日本列島の「前期中期旧石器時代」の遺跡が、白紙に戻されたことは記憶されている方も多いであろう。現在、ねつ造事件とは関わりのないところで、多くの研究者の関与の下に、前期・中期旧石器が日本列島に存在する可能性について改めて検討が進められているところである。そのなかで、縄文時代草創期の遺跡もねつ造事件に関連していたことは、それほど知られていないところである。ねつ造の発覚前に日本の前期旧石器の存在が明らかになったと宣言された宮城県「座散乱木遺跡」の微隆起線文土器、「馬場壇C遺跡」の無文土器などについて藤村氏が関与したものである可能性が指摘され（『宮城考古学』第7号など）、草創期研究にも影響があったと考えられている。土器研究においても、まずはきちんとした資料批判とその上での時間的空間的位置づけが十分になされる必要があることは、言をまたない。ねつ造という極端な事例は別としても、日本列島における土器出現期とされる無文土器などの事例においては、その確実性について検討を重ねるべき資料も含まれる。その上で、縄文土器の成立について位置づけていく必要がある。

　文化要素の出現順序に応じた相対的序列と地域間の交差年代を基

軸とした考古学的位置づけと同様に、暦年や自然科学的な測定による絶対年代など実年代による位置づけはきわめて重要な作業となる。文字資料のない先史時代を研究する際には、自然科学的な分析によって実年代を推定していく。縄文時代の開始期についても大陸との交差年代によって実年代を定めることは、山内清男（1969）によって短期編年として試みられ、芹沢長介を代表とする夏島貝塚の炭素14年代測定を基とした長期編年と激しく対立した。近年の炭素14年代測定の進展とその成果の蓄積に鑑み、縄文土器のはじまりを前5000年頃と捉える山内の短期編年は事実として採用できない。しかし、弥生時代開始年代遡行に対する全面的な反対意見と同じく、炭素14年代測定法自体を排斥する主張もなされている。

　本書は、以上の状況を打破する一端として、人類史的な画期の一つと評価し得る土器の出現をとりあげ、ユーラシア大陸全域に及ぶ広い視点から、最新の考古学的調査成果と年代測定など自然科学的研究の両面を統合する形で、多角的な総合研究の成果を示すものである。先史考古学の新たな可能性の一端を感じ取ってもらいたい。

　なお、考古学の用語としては「縄文」と「縄紋」の用語が併用されているが、そこには学史的な混乱が認められる。本来は、山内清男が用いた「縄紋」の用語を使用するべきと考えるが、本書では現在一般的に用いられている「縄文時代」「縄文文化」「縄文土器」で統一することとした。ただし、地紋としての「縄紋」「撚糸紋」「爪形紋」などについては、それぞれの論者によって書き分けられている点、ご注意いただきたい。

小 林 謙 一

目　次

はじめに——土器のはじまりを探る——

第 1 章　西アジアにおける土器のはじまり ————— 下釜和也　1

コラム 1　死者を弔った岩陰遺跡 ————————— 遠部　慎　21

第 2 章　東北アジアにおける土器のはじまり ——— 福田正宏　23

コラム 2　ウルシと漆文化の起源 ———————— 工藤雄一郎　49

第 3 章　日本列島における土器のはじまり ——— 小林謙一　53

コラム 3　土器付着物の炭素 14 年代測定 ————— 坂本　稔　79

第 4 章　土器付着物でわかる年代と食生活 ——— 國木田　大　83

コラム 4　土器の製作地はどこ？ ——————— 河西　学　107

第 5 章　東アジア土器出現期の弓矢文化 ——— 及川　穣　109

コラム 5　黒曜石の産地を探る ———————— 建石　徹　141

第 6 章　ユーラシアにおける土器のはじまり ——— 小林謙一　143

参考文献　161
おわりに　171

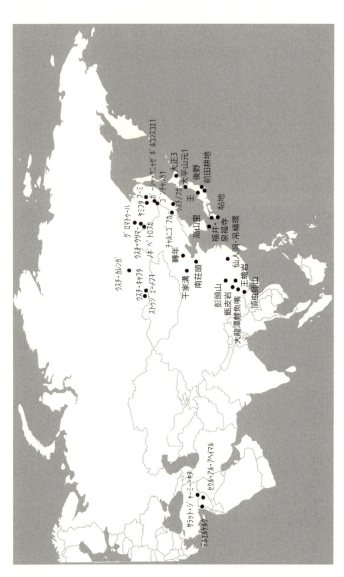

ユーラシア各地の土器出現期の遺跡

土器のはじまり

第1章　西アジアにおける土器のはじまり

　土器とは、土に水を加えてこね、器のかたちをつくり、火で熱した土の器のことである。つまり、天然の資源である土を自由に変形させて熱変化させた最古の化学化合物、セラミックスといってよい。食器や瓦、ガラスといった毎日使うモノからセメントなどの建材まで、多岐にわたるセラミックス素材をつくり、日々使っている現代の私たちからみれば、土で器をつくるというとそれほど難しいようには思えない。しかし、土と水と火という三つの原素を操るという意味で土器づくりはいくぶん高度な複合技術であり、長い人類の歴史のなかではかなり新しいものであった。

　旧石器時代に生きた多種多様な人類が生存するために利用していた素材は、石器をつくる石と、動物から得られる骨や角、皮、海や川で採集できる貝殻、そして木材などの植物資源が中心だったと考えられる。土が資源として利用されるようになるのは旧石器時代の後葉のことだった。およそ2万2千年前の東欧では粘土を使って獣の頭を表現した土偶のようなものが知られ、フランスでは粘土を使ってバイソンをかたどった旧石器時代末期の土製像も出土している。だが、洞窟壁画やヴィーナス像にみられるように、すぐれた芸術性をもっていた旧石器時代人も土器を創り出すには至らなかった。

　土器という造形品が人類史上はじめて発明されたのは、旧石器時

代が終わろうとする約2万年前（？）から1万5千年ほど前のユーラシア東部だったらしいことが最新の考古学研究でわかってきた（本書参照）。さらに、氷河期（更新世）が終焉を迎え、地球が次第に温暖化していく完新世前半にかけて、ユーラシア大陸やアフリカ大陸などの各地で土器がつくられるようになった。それでは、世界の土器の起源はどこにあるのだろうか。ある限られた場所で発明された土器をつくる技術が、その後ユーラシア各地へと一斉に伝わっていったのか、はたまた各地で独自に発明されたのか。そもそも土器は何のために創り出されたのだろうか。単一起源か多元的起源だったかを含め、こうした多くの疑問について答えを出すためには、土器を最初に創り出した古代人の生活環境や生業など、彼らを取り巻くありとあらゆるデータを収集し、分析し、解釈しなければならないだろう。

　本章では、人類史からみて最古級の土器を発明したユーラシア西部、とくに西アジアや中近東と呼ばれる地域を考えてみよう。世界で最も古く農耕牧畜という技術を発展させ、やがて世界の他の地域に先駆けて都市や文明という高度な社会をつくりだすことになる西アジアでは、土器はいつ誕生したのか、そしてそのとき、なぜ土器が必要になったのか。最新の研究成果をもとに、この地域が歩んできた先史時代を振り返ってみることは、日本列島の縄文土器を含む東・東北アジアにおける土器の起源とその特異性を考える上でも、面白い比較材料にもなるだろうし、ユーラシア土器文化史を展望する上で大変有意義であろう。

1. 西アジア新石器時代の意義

　後で詳しく述べるように、西アジアにおいて本格的に土器が出現するのは、最近の発掘調査で得られている高精度の放射性炭素年代によって紀元前 7000 年前後と考えられている（図1）。西アジアの考古学では、土器以前の新石器時代を先土器新石器時代（英語では Pre-Pottery Neolithic）、それ以後を土器新石器時代（Pottery Neolithic）、または後期新石器時代（Late Neolithic）と言い慣わしている。

　土器の登場に先だつこと約 2〜3 千年前、すなわち紀元前 9500 年以降、すでに動植物のドメスティケーション（家畜化および栽培化）が始まっていた（筑波大学西アジア文明研究センター編　2014）。野に生えるムギ類やマメ類の野生植物の種子を畑に蒔いて育て、実が稔ったら収穫するという栽培と、ヤギやヒツジ、ウシやブタを代表とする野生の動物を育てて人類の生活に役立てるという家畜の飼育は、西アジア発祥のものであった。

　西アジアでこうした農耕牧畜がなぜ始まったのかをめぐっては、これまでにオアシス仮説から人口圧、気候変動まで様々な要因で説明されてきた。また、著名な考古学者 V. G. チャイルドが主張した「新石器革命」の舞台はどこにあったのかをめぐって、クルディスタンの山麓地帯から、地中海東部にあたる現在のイスラエルやパレスティナ付近の南レヴァント地方、さらには現在のシリア北部からトルコ南東部にかけての丘陵地帯まで、研究の進展とともにいろいろな場所が想定され、論じられてきた（藤井 2001 など）。

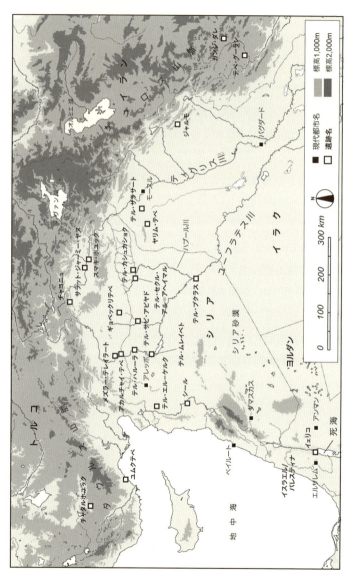

図1 本章で扱う西アジアの先土器新石器時代、および最古期の土器が出土している土器新石器時代の遺跡

第1章　西アジアにおける土器のはじまり　5

　しかし、最近の遺跡調査や出土する動植物の証拠からは、植物の栽培化も動物の家畜化も数千年もの時間をかけて徐々に完成していったこと、そして、ひとつの地域で栽培化と家畜化が起こったのではなくて、それらは西アジアのなかでも肥沃な三日月地帯と呼ばれる広い範囲で、同時多発的に発生したとするモデルが有力となってきている（丹野 2017）。いずれにせよ、自然の動植物の生殖活動に人類が意図的に介入したという意味は重要である。

　数千年という長い時間をかけて人類と動植物が共存していくなかで、動植物の側では遺伝子を含む様々な変化が生じ、人類への依存が高まっていくと同時に、人類社会の方でも大きな変化があった。最近、センセーションとなったトルコ南東部のギョベックリ・テペ遺跡の発見はその一つである。高さ５ｍを超える石柱が立ち並んだ不思議な巨石建造物、ヘビやイノシシ、雄牛、ツルやクモといった野生の生物を表現した数々の彫刻、人間をモチーフにした石像群にみられる異形のシンボリズムは、農耕牧畜の初期段階にあったと思われる狩猟採集民が残したものであった。これらは、農耕牧畜の起源にとどまらず、私たちの西アジア先史時代への理解、ひいては人類史全体の再考を迫るほどのインパクトをもっている。ギョベックリ・テペ遺跡にみられるような、たくさんの労働力を動員して巨大な建造物を築くという行動や、豊かな象徴性が突如として開花する歴史現象は、農耕や牧畜という自然界への働きかけとまったく無関係だったとは考えにくい。その意味で、完新世初頭に西アジア一帯の新石器人の間で、認知能力の変化、つまり精神的な「革命」があったのではないかと推定されている（Cauvin 1994）。

2. 西アジア先史時代の粘土利用と器のはじまり

　こうして農耕牧畜とともに、独自の食糧生産社会が展開した西ア
ジアにおいて、紀元前9000年頃はじめて粘土利用がみられるよう
になった。土器出現以前の先土器新石器時代には、農耕牧畜の開始
とあわせて、ますます定住的な村落がつくられていった。そのよう
な村をつくっていたのが、ある程度の塊状になった粘土をこねて壁
をつくった家屋である。やがて、寸法や規格を合わせて、大量につ
くりだす煉瓦がつくられるようになった。世界最古の「都市」では
ないかと一時学界をにぎわせたパレスティナにあるイェリコ遺跡
や、トルコ中央部にあるチャタルホユック遺跡をはじめ、当時の村
落のほとんどが、粘土で壁をつくって生活空間の内外を分けた住居
からなっていた。それ以前の終末期旧石器時代にも手頃な石を積み
上げて壁とする伝統がないことはなかったが、どこでもふんだんに
使える粘土を積極的に利用して建材とする習慣は先土器新石器時代
に始まったといえる。

　粘土からモノをつくることは、粘土を自由に変形させて望むよう
な物を作り出せるという自在さに古代人が気づいたことを物語って
いる。粘土という資源の普遍性と、かたちを作る素材としての利便
性から、各地で様々な土製品がつくられるようになったのも先土器
新石器時代である。わずか数センチメートル程度の小さな焼成土製
品はそうしたものの一つで、球状や円盤状、円錐形など様々なかた
ちのものが見つかっている（図2-1）。これを文明形成期に登場す
る同種の小型土製品と関連させて、ものの数を数えるための道具

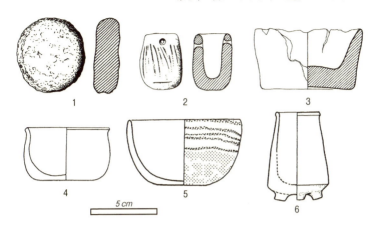

図2 先土器新石器時代の土製品、土製容器、石製容器
（Cauvin 1994 より作成）

（「トークン」ともいう）ではないかとする仮説も提起されている。また、高さ数センチメートル前後の人身をかたどった焼成土偶や動物土偶が出土するのも先土器新石器時代（紀元前9千年紀以降）の特徴である。一般に神像とみなされるが、家屋の外のゴミ捨て場のような場所から廃物とともに出土することも多く、その実質的な用途はよくわかっていない。なかでも、シリア北東部のテル・セクル・アル＝アヘイマル遺跡から出土した大型の女性土偶（図3）は、赤や黒の顔料で彩色した顔面表現など他に類をみず、この時代の逸品である。これは家屋内の石膏床の下から出土したもので、他の小型土偶とは大きく違った儀礼的用途（建物の定礎儀礼か）を思わせる。さらに持ち運ぶことはできないが、粘土を成形してつくった貯蔵施設も西アジア先土器新石器時代の多くの遺跡で確認されていて、形態的類似から後の土器の先駆ではないかと推測されてきた。

図3 テル・セクル・アル＝アヘイマル遺跡出土の女性土偶
（西秋良宏氏提供）

このように、粘土を素材として土偶をはじめとする小品や据え置き型の土製遺構が次々と現れたことは、土器以前の背景として重要である。実は、先土器新石器時代にはすでに土製の容器も見つかっている（Cauvin 1994）。シリア北部のムレイベト遺跡で見つかった土製容器は紀元前9000～前8700年頃のもので、どれも5～6センチメートル程度の小さな器状の焼成品である（図2-2、3）。サイズの点で真正の土器とはいいがたく、その用途も判然としない。これと関連して、西アジア先土器新石器時代では、容器状のかたちをもつ器物が多様な材質をもって作られていたことが知られている。大理石や雪花石膏といった稀少な石材でつくられた石製容器（図2-4～6）や、石膏・石灰プラスター製の「白色容器」が土器の登場に先だって製作されていた（三宅1995）。また、遺物として実際に出土する例は極めて珍しいが、木器や編み籠、皮革容器も存在していただろう。重要な点は、これら土器以前のいろいろな容器類が、かたち（形態）、つくり方（技術）、使い方（機能）の点で、最古の土器と直接の系譜関係があったかどうかである。

3. 最古の土器群とその出現年代

　これまでに得られている考古資料に基づけば、西アジア最古の土器は現在のトルコ南東部からシリア北部にかけて、北メソポタミア・北レヴァント一帯の数カ所の遺跡で出土している（図1）(Tsuneki *et al.* 2017)。主だった遺跡を挙げれば、ユーフラテス川中流域に位置するテル・ハルーラ、アカルチャイ・テペ、メズラー・テレイラート、シリア西部のテル・エル＝ケルクやシール、テル・サビ・アビヤド、ティグリス川上流域のサラット・ジャーミー・ヤヌ、ユーフラテス川の支流ハブール川沿いにあるテル・セクル・アル＝アヘイマルなどである。

　初現期の土器は、その特徴から「初期鉱物混和土器（Early Mineral Ware）」と研究者によって総称されている。この土器群の特徴としては、明るい褐色のものもやや含むが、全体的にみて濃い褐色や暗い灰色などの暗色系の色調が多い点、土器の表面を丁寧に磨研する例が大多数を占めること、胎土のなかに方解石や玄武岩といった鉱物の粒子をたくさん混ぜて、ずっしり重い土器という点が挙げられる。器のかたちとしては口縁部がまっすぐ直立するか、やや内側に傾いて立ち上がる平底の深鉢形や甕形で、どちらかといえばシンプルなかたちの器が多くみられる（図4）。浅い鉢などの土器や大きな壺などはあまり見られない。口縁部の直径が20〜30センチメートル程度の小型の容器が多いのも特徴である。また、貫通孔をあけた把手（図4-5、13）や大ぶりの角状把手を外側の器面に貼り付けるもの（図4-4）が多々含まれる。

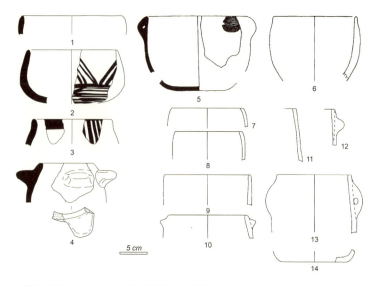

図4 西アジアにおける初現期の土器群（1-4. Nieuwenhuyse 2017、5. Cruells *et al.* 2017、6. Odaka 2017、7-14. Nishiaki & Le Mière 2017 より作成）

　また、初現期の土器群には彩文装飾をもつものもすでに存在していたことが、シリアのテル・サビ・アビヤド遺跡などで報告されている。彩文は赤褐色や暗褐色の顔料を塗ったもので、明瞭な彩色文様というよりは絵筆のような道具で大雑把に施したものが多い。それでも、斜めの線が連続するような文様や、斜線を交差させたモチーフ、斜格子文といったデザインがみてとれる（図4-2、3）。

　これら初現期の土器は各地の遺跡で発見されているのだが、出土点数としてはまだかなり少ない。最初に土器が出現する段階では、大量に土器が作られるようになる次の時代と比べると、需要がなかったせいか小規模な土器生産しか行われていなかったのだろう。し

かし、本格的な生産が始まる次の時代の土器よりも、かなり丁寧に
仕上げられていたことが注目される。そのことは、初現期土器の器
壁が均一の幅である点、土器のかたちをつくる段階で残された粗い
表面が滑らかになるように入念に磨かれている点にうかがわれる。
土器を焼成した窯址はこれまで見つかっておらず、おそらくは野焼
きで焼成したのだろう。

　以上に述べてきた初現期の土器群は、いつごろ登場したのだろう
か。近年、それぞれの遺跡で行われている高精度の放射性炭素年代
値によれば、初現期の土器を含む層は紀元前 7000〜前 6600 年（前
7 千年紀前半、土器新石器時代／後期新石器時代初期）に相当する
ことがわかっている。この値にやや年代幅があるのは、得られた放
射性炭素年代を較正すると、現在用いられている較正法と統計処理
によってどうしても誤差が生じるためである。だが、どこか一部の
地域で最初に土器が発明されて、そこから周辺の地域に広がってい
くというような単一起源説を示す証拠はなく、西アジア最古の土器
はむしろほぼ同時多発的に複数の場所で出現したらしい。

4. 新石器時代土器群の変化と多様化

　こうした初現期の土器群に続いて、紀元前 7 千年紀半ば以降（前
6500 年以降）、植物質混和材を多く含む粗製土器群（「植物混和粗
製土器」）が登場した。ふつう古代技術や様式を考える場合、原始
的で粗雑なつくりのものから、より洗練された精美なものへとモノ
づくりが発展するように思われがちだが、この時期の西アジアの土
器づくりに限っていえば、その変化は逆であったようだ。

西アジア新石器時代土器の第二段階では、粗製土器という名前が示すとおり、初現期の土器群より粗いつくりをみせる（Le Mière and Picon 1999など）。土器をつくる素地にムギなどの植物の繊維を混ぜ込んで作ることから、外見の上でもガサガサとした印象が強い。例えば、テル・セクル・アル＝アヘイマル遺跡では植物混和土器は出土土器全体の80〜90％を占めるほどで、以前に主流であった鉱物混和のものは著しく減少するというパターンがみられる（Nishiaki and Le Mière 2005）。土器表面の色合いも暗色系から明色系のオレンジ色や明るい褐色へと変化していった。出土する土器の数量の点でも、初現期の土器とは比較にならないほど増加する。

　注目すべきなのは、この段階には土器をともなう集落遺跡も急増し、地理的にみても広い範囲に広がっていることである。それとともに、土器文化の地域差、あるいは多様化がみられるのも興味深い。シリア東部からイラク北部にはプロト・ハッスーナと総称される土器様式が登場した。この土器群ははっきりした頸部をもたず、器の胴部分に屈曲をもった器形が特徴的で、テル・セクル・アル＝アヘイマルやテル・カシュカショク、テル・サラサート、ヤリム・テペなどの遺跡で知られている（図5-1〜3）。赤色顔料をべた塗りした碗状の土器（図5-3）や、若干ながら彩文土器もみられる（図5-2）。一方、テル・エル＝ケルクやラス・シャムラなどの遺跡が位置する地中海沿岸に近いレヴァント地方の北部では、精製にちかい暗色磨研土器と呼ばれる土器群が発達していった。装飾文様の点でも、彩文のほか、櫛のような工具でスタンプ状に押しつけた押捺文や刻文（図5-4、5）、粘土の塊を器表面に貼り付けた貼付文、磨研によって文様効果を出す暗文など多彩である。そして、イラク北東

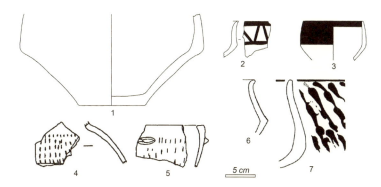

図5 土器新石器時代の土器群（1-3. Nishiaki & Le Mière 2017、4-5. Odaka 2017、6-7. Adams 1983 より作成）

部からイラン西部のザグロス山脈一帯では、雨滴状（あるいはオタマジャクシ形）の独特な文様をもった丸底鉢（図5-7）に代表される土器などが分布するようになる。土器づくりという技術体系が地域差を示すようになった要因は、それぞれの生態環境にもとづいて、土器以前の新石器時代から続く各地域の文化伝統に回帰したためかもしれない。

また、それぞれの地域はお互いに没交渉ではなかった。シリア北東部のハブール川流域の遺跡では暗色磨研土器がわずかに出土するが、土器胎土の化学組成分析からこれらは西方のレヴァント地方からの搬入品と推測されている（Le Mière 2017）。

5. 初現期土器の起源をめぐって

これまでに述べてきた西アジア最古の土器の起源はどこに求められるのだろうか。土器の起源を探る試みは、下のようないくつかの

観点から行われている。

1）土器の出現年代を広域で比べる

近年、古い土器が出現する遺跡の年代値データの集成がユーラシア大陸規模で進んでいる。それら膨大なデータの統計解析を基にして、それぞれの地域で土器の出現パターンを比較しようという研究がある（Jordan *et al.* 2016）。これに関して、西アジアの土器の起源を、もっと古く紀元前9000年頃に土器が出現した北アフリカに求めるモデルが提起されている。しかし、もし土器が北アフリカから西アジアへと伝播してきたとするならば、シリアやイラクよりもその間にある南レヴァント地方でまず最古の土器が登場するはずである。現段階では、南レヴァントにおける土器の出現年代はかなり遅れるため、アフリカ起源説を支持する証拠は見つかっていない。

2）土器のかたちの祖型を探る

西アジア初現器の土器のかたちはどれもシンプルなものであった。そのため最初の土器は、もともと他の容器のかたちを真似たものであろうという推論がなされてきた。すぐに思い当たるのは、先土器新石器時代から植物でつくった編み籠や木製の容器、石製容器などといった「うつわ」の類いが土器のかたちの祖型となった可能性であろう。なかでも、初現期の土器にみられる彩文や暗色で磨かれた表面、器のサイズが小さい点など、多くの特徴が石製容器と共通することが指摘されている（Tsuneki *et al.* 2017）。鉱物を多く混和した初現期の土器は、石製容器に似せて、その代替品として作られるようになったのだろうか。

3）土器の製作技法の起源を探る

西アジア最初の土器がどのような技法で作られたのか、まだわか

らない点が多い。製作技法に関しては、同じセラミックスである石膏や石灰の白色容器が土器技術の起源ではないかという仮説がつとに唱えられていた。しかし、これには反論も多い。白色容器も土器と同じく焼成が必要なのだが、前者は素材を準備する段階で焼成するため、かたちができあがってから焼く土器とは工程が逆である。さらに決定的なのは、白色容器が本格的に利用されたのは土器の登場以後であるという点である（久米 2008）。もしかしたら、土器と白色容器とは無関係ではないにせよ、いわば親戚同士の容器づくりの技術として相前後して発明され、古代人にとっては異なる使い方、意味合いを与えられていたのかもしれない。

4) 最初の土器の用途を探る

　土器が何のために使われたのかについては従来諸説があって、穀物や動物性油脂の貯蔵、煮炊きなどの調理を含め、多方面から論じられてきた。シリア東部より東のプロト・ハッスーナ土器やザグロス地域の遺跡でみつかる土器群は、当初最古の土器と目されていた。それらには貯蔵用と思われる粗製の大壺や大甕がみられることから、ものを貯蔵する粘土製施設が土器の起源になったと考えられたのである。しかし、上述のように、最近になって資料が増えてきた初現器の土器は小型の鉢形が主であり、粗製の大きな甕や壺が少ないこと、また土器の起源と疑われる土製の貯蔵施設が、胎土などあらゆる点で最古の土器の特性と異質であることを考慮して、最古の土器が貯蔵容器として始まったという考えはあてはまらなくなってきた（小髙 2018）。

　初期鉱物混和土器を西アジア最古の土器と考える場合、おかゆや煮込み料理、または乳製品の調理加工など、食べ物の煮炊きに利用

されたのではないかという考え方がある。とくにトルコ中央部や西部の新石器時代遺跡では、動物の肉のほかヤギやウシなどのミルクに由来する古代の有機物（脂肪酸やタンパク質）が土器内部に残っていることが、最近の科学分析によって明らかになってきた（Evershed *et al.* 2008）。土器に鉱物の粒子を多く混ぜると、土器の耐久性が高まって繰り返し火で熱しても割れにくくなる。初現期の土器には直接火にかけたことを示す煤の痕跡がついているものがみられるし、磨研を施す仕上げ加工や把手がつくといった特徴は、煮炊き容器であることを示唆するものかもしれない。しかし、初現期土器の出土数は少なく、容量も小さい。さらに次の時期（紀元前7千年紀半ば以降）には煮炊き用には適さない粗製土器が主流になり、土器のもつ特性が変化してしまうことは、煮炊き容器としての土器起源説が完全には受け入れられない理由となっている。

　このように、土器の起源をめぐる議論は研究者の間でまとまっていないのが現状である。初現期の土器は、場合によっては煮炊きに使われることもあったかもしれないが、調理専用の鍋ではなく、非日常的な宴会や儀礼の場において供膳用として使われたり、彩文装飾を施すことで何らかの社会的意味が付与されたり、特殊な内容物を持ち運ぶための容器であったりと、多様な用途を有していたのだろう（Tsuneki *et al.* 2017、小髙 2018）。これまでに得られている出土資料やデータからは、そうした、いわば折衷的な土器用途の多様さがうかがわれる。西アジアの土器が誕生する直接のきっかけとなったのは、それらのうちのどれだったのか、あるいはそうした問いそのものが間違っているのか、まだはっきりしていない。

6. 西アジアにおける土器の普及と拡散？

　西アジアで成立した農耕牧畜という生業体系は紀元前8千年紀以降、西はヨーロッパやアフリカ、東はイラン高原やインド亜大陸、中央アジアへと四方の地域へ広がっていった。詳細なメカニズムはまだ解明されていないが、その背景には西アジアから農耕牧畜技術を携えた人々の移住があったとする仮説が有力である。それでは、前7000年頃、西アジアの一角で誕生した土器づくりの技術も、農耕文化とともに広がっていったのだろうか。このことは、最古の土器が始まった地域の周辺では、どのような過程を経て土器が作られるようになったのかという問題に関わってくる（下釜2018）。

　紀元前7千年紀後半になると西アジアでは、いっそう精緻につくられた土器に華麗な彩色文様を施す彩文土器が登場した。同じ頃、イラン高原各地や南レヴァント地方、そして西アジアよりも北に位置するコーカサス地方でも農耕文化が伝わり、土器の利用が始まったとされる。そうした農耕遺跡から出土する動物骨や植物遺存体について、古代DNA分析を行ったところ、西アジア起源の家畜動物や栽培植物がこれらの地域に直接もたらされていたことが明らかになった。そうだとすれば、当時の農耕民たちは農耕牧畜の技術だけでなく、すでに慣れ親しんでいた土器づくりの技術もいっしょに周辺地域に伝えていった可能性が高い。しかしながら、これらの周辺地域の最古の土器をみると、本章で述べてきた初現期の土器とは似ても似つかないものが多い（図6）。土器をつくる粘土の性質も、彩文の文様のパターンも、土器のかたちもまったく異なる代物とい

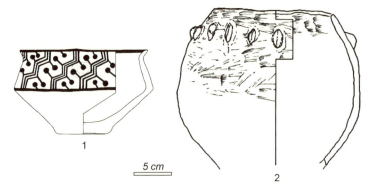

図6 周辺地域の新石器時代土器（1.イラン、タル・イ・ムシュキ遺跡出土、2.アゼルバイジャン、ギョイテペ遺跡出土）（1.深井ほか 1973、2. Nishiaki *et al.* 2015 より作成）

ってよい。西アジアで最初の土器をつくった人々は移動先の新しい土地で、突如としてまったく異なる土器をつくりはじめたのだろうか。

　西アジア発の農耕牧畜技術が農耕民自身の移動とともに広がっていったとする考え方とは異なって、それぞれの地域にもともと住んでいた狩猟採集民が新規の技術を受け入れて、各地の環境に合わせて発展させていったという可能性もある。この場合、新たに農耕生活を始めた在来の人々が土器づくりというアイデアを受け入れ、ほかの物質文化とともに、それぞれの嗜好に合うような土器づくりを開始したと推定することができる。西アジア各地の新石器時代土器をみると、このように考えた方が実像に近いようだ。西アジアの新石器時代において土器技術の伝達や継承がどのように行われていたのか、まだわからない部分も多く、興味深い研究課題である。

第 1 章　西アジアにおける土器のはじまり　19

　西アジアではなぜ前 7000 年頃という時期になって土器が出現したのだろうか。現段階ではその解明には至っていない。ちょうどその頃、先土器新石器時代のギョベクリ・テペ遺跡に代表される巨石祭祀遺構や公共建築物、そして物質文化の多くが姿を消し、規模 10 ヘクタールを超える巨大集落も衰退するなど、めまぐるしい変化があったことがわかってきている。考古学的にみて、先土器新石器から土器新石器へという過渡期は、農耕牧畜の起源や社会の複雑化といった人類史上の画期にはあたらないものの、西アジアの新石器社会が大きく転換を迎えた時期であったことは間違いない。ただし、土器の出現がそうした画期と関係していたかといえば、それには否定的な見解をもつ研究者も多い。西アジアにおける土器のはじまりは、様々な物質を素材として容器を作るという長い試行錯誤の、一つの結果に過ぎなかったのかもしれない。

（下釜和也）

コラム 1
死者を弔った岩陰遺跡

（1）岩陰遺跡と埋葬人骨

　洞穴や岩陰遺跡では貝塚遺跡と並んで「埋葬人骨」いわゆる「墓」が検出されることが多い。西日本では、縄文時代前半期の洞穴および岩陰遺跡の居住については、比較的古くから言及されてきた（江坂・西田 1967）。ここでは、愛媛県久万高原町に所在する上黒岩岩陰遺跡群を題材として、岩陰遺跡における葬制について論じる。

（2）上黒岩岩陰遺跡 4 層の構造と上黒岩第 2 岩陰遺跡

　上黒岩岩陰遺跡は標高約 400 m で、1961 年から 1969 年まで 5 次にわたる調査が行われ、「埋葬人骨」については、4 層を中心に確認されている。日本最古の埋葬された縄文犬骨（2 体：約 7400〜7300 年前）の総合的な研究が示されたが、同時に年代測定された上黒岩岩陰遺跡の 11 号人骨（伸展葬）は 7960±50BP（約 9000 年前）であった（Gakuhari *et al.* 2015）。11 号人骨は層位的に多数の合葬埋葬例（成人 2・小児 3 体）の下部から出土している（江坂・西田 1967）。埋葬人骨周辺からは押型文土器の大きな破片がみつかっているが、同時に縄文時代早期後半以降の土器群も確認されている。押型文土器の年代を 9600-8000BP（約 11000〜9000 年前）と捉えた場合（春成・小林編 2009）、多くの埋葬人骨の年代は押型文土器終末期以降となる。また、埋葬犬骨の年代も縄文時代早期末であり、広い時間幅を考える必要があるが、遺物の少ない早期後半以降の人骨が多いことが指摘できる。

　上黒岩第 2 岩陰遺跡は、上黒岩岩陰遺跡の南約 500 m、標高約 480 m に位置する。1962 年に小規模な調査が行われたのみであったが、2005

年平板測量（春成・小林編 2009）、2010 年以降（大野・小林編 2014）継続的な調査が行われている（遠部・小林編 2017）。2016 年の調査では人骨および墓壙が確認されているが、こちらも人骨（成人 3、小児 3 体以上）は再葬であり、頭骨を下位に置き、比較的小さな骨を敷き、長い骨を方向を揃えて配置している。2 号人骨については、年代測定が行われ 7729 ± 27BP を示した。出土した土器は押型文土器が多いが、人骨の周囲から見つかっている土器（沈線＋刺突文土器）の特徴は押型文土器以降であり、埋葬人骨の時期は縄文時代早期後半の時期を想定できる。

（3）展望

　以上、2 つの岩陰遺跡の埋葬人骨の所属時期についてまとめた。年代測定や、出土状況を再検討した結果、その大半の年代は押型文土器の終末期以降と捉えられる。どちらの岩陰遺跡でも、岩陰壁沿いに重複する形で埋葬され、遺物も少なく、葬法も類似する。また未成年が約半数を占める。埋葬場所は岩陰の奥（壁）の方にほぼ限定されていた。ヨーロッパの旧石器時代において死体の葬られる場所は「洞穴入口の前面や岩陰や屋社の近く」（木村 1971）であると指摘されており、広島県帝釈峡遺跡群において「居住地内またはその端部に埋葬」（河瀬 1988）されるという状況とも同様であり、興味深い現象である。

　少なくとも久万高原町における 2 つの岩陰遺跡の事例からは、押型文土器終末期以降、岩陰遺跡は埋葬地としての性格が色濃くなる可能性が高いと判断される。上黒岩岩陰遺跡では、伸展葬（一次葬）から、改葬へと葬法が変化している。つまり、葬法および、洞穴利用のあり方が、概ね押型文土器終末期を境として大きく変容する可能性が高いことを暗示している。縄文人の長期的な岩陰の利用を私達は検討する必要がある（兵頭編 2017）。また、埋葬が想定される時期は土器などの遺物量が少ない時期がある可能性が高く、そのことは居住を含めた岩陰遺跡を考える上で大きな鍵になる。

（遠部　慎）

第2章　東北アジアにおける土器のはじまり

　日本列島における土器のはじまりに関しては、長い間、縄文時代のはじまりに付随する要素の一つとして研究が進められてきた。しかし近年、ロシアや中国において土器出現期～新石器時代前期遺跡群の調査成果が次々と挙げられており、それにともない、両者のはじまりは別の問題として捉えていくのが適切である、という考え方が広まりつつある。

　日本列島と大陸の双方に類似した現象が認められるとき、これまでは、大陸側からの集団移住や一方的な文化流入が想定されることが多かった。土器出現や縄文時代開始期に関する議論においても、それは例外でない。しかしこれからは、人間集団の適応形態や社会的指向の多様性を認めた上で、その背景や理由を考えることが大切である。

　本章では、環日本海北部を構成する列島部（サハリン―北海道）と大陸部（アムール下流域）における土器出現期から完新世初頭の適応形態の変遷について解説する。筆者の主張を先に示しておく。

① 長期的あるいは世界的な気候変動と適応形態の変化はきれいに同調すると思われがちだが、実際はそう単純ではない。

② 新石器時代において東アジアの北方寒冷地に住んだ人々の生活構造は、基本的に温帯性のものであり、ときおりシベリア

的な亜寒帯性の生業や技術が採用された。温帯性が主体、亜
寒帯性が客体となる構図は、土器出現期を含めた新石器時代
全体に通底していた可能性が高い。

③ 完新世初頭の環日本海北部には、温帯性生活構造の北方拡大
傾向がある。程度の差こそあれ、これに類した傾向は土器出
現期にも認められる。

1. 一元論から多様性の評価へ

縄文土器の全国的な編年を作成したことで知られる山内清男
（1932など）は、日本列島の土器製作技術が、西方からの伝播によ
りもたらされたと考えた。そして、旧ソ連南部（北アジア）をその
伝播ルートの中途であると仮定した。この説を継承した佐藤達夫
（1971）は、列島縄文のはじまりを大陸渡来文化と関係づけた。大
陸側の玄関口と目された地域——ロシア沿海地方・ザイサノフカ遺
跡、朝鮮半島北部・羅津貝塚——の土器を引き合いに出し、新潟県
小瀬ヶ沢遺跡の土器の起源について論じたのである。

これらの伝播系統論を批判した芹沢長介（1960）は、「日本をふ
くむアジアのある地域において、採捕生活のなかから必要に応じて
土器が生み出されたものであろう。その基盤となった生活は、アジ
アの東部一帯にひろがる細石刃文化に、直接あるいは間接にむすび
つけられる」と主張した。細石刃文化と土器の出現に因果関係があ
るのかないのかはさておき、芹沢は、日本列島において土器は東ア
ジア世界の脈絡から発生しており、1万年前以上も前から存在して
いたと述べた。これが、今日の理解に連なる年代観である。

現在、日本列島の土器の起源を直接、北アジアに求めることは難しいと考えられている。だが、列島先史時代における北からの文化伝播・移動論は、対象となる時代やモノが変化しながら、いまなお日本考古学の大きな関心事となっている。

大貫静夫（2011 など）は、山内以来の一元論的なパラダイムに限界があると判断した。そして、「極東平底土器」という言葉を用いて、環日本海地域における新石器時代諸集団の食料基盤の多様性について説明を行い、そのなかで、ロシア極東における定着的食料採集民社会を位置づけた。

筆者は、大貫の論考を出発点に、アムール下流域・サハリンで日露共同発掘調査を長年続け、日本とロシアにおける完新世の遺跡群を横断的に捉えてきた。そして現在、環日本海北部（北緯 45〜50 度前後）の新石器時代の生活構造の変化に関しては、北や西からの接触・流入の有無ばかりにこだわらず、温帯性新石器文化の寒冷地適応史として理解したほうがよいと考えている。

ユーラシア規模の東西交渉史や日本列島文化の北回り文化交流・起源論について、その可能性を否定することはしない。ただ実際問題として、ロシアあるいは北アジアでは、数こそ少ないが、要所を押さえた発掘調査が実施されている。その精度は決して低くない。日本側の学問的な関心事のみに執着せず、ロシア側の歴史観や考え方、そして地域研究の積み重ねに一定の理解を示すべきである。相互理解を求めることと、環境適応論の立場から議論を進めることが必要となる。

2. 北海道における土器の出現と適応形態

　北海道の縄文文化は、基本的に、本州、とくに東北地方における定着的食料採集民社会システムの北方寒冷地への適応拡大とその縮小のメカニズムのなかで捉えられる（福田 2018）。縄文草創期・土器出現期についても縄文早期の新石器化のプロセスについても、これは構造的に一致する。北海道における土器出現にともなう諸現象の由来に関して、北方伝播論を適用することは難しい。

　道東・帯広の大正3遺跡で爪形文土器が出土した（北沢・山原編 2006）。この遺跡出土の土器や石器には、本州の縄文草創期に連なる要素がある。居住のあり方は定かでないが、水辺の環境を一時的ではなく、継続的もしくは繰り返し利用するような行動があったとはいえる。土器付着物のみだが、炭素14年代は約 15000〜13500 年前となる。これらの現象は、更新世末の気候温暖化にともない、本州方面から北方拡大した可能性がある（安斎 2014）。夏木大吾（2018）は、大正3遺跡の両面体石器の類例が道北にまで分布することを明らかにした。筆者はこうした「縄文草創期的」な温帯性の適応形態の分布が、後代の縄文早期前半・テンネル・暁式期と同様に道東太平洋側にとどまる可能性があると考えた（福田 2018）。温暖化した環境に適した活動が道北にも拡大した可能性は高い。石器以外の情報が少なく、今のところ適応形態に言及することは難しい。

　なお、宗谷海峡を越えたサハリンに、ほぼ並行する炭素14年代値が報告された遺跡はあるが、北海道側との関係性を明確に示す事例はない。山田哲（2006）の研究によれば、同時期の道北より北に

第2章 東北アジアにおける土器のはじまり　27

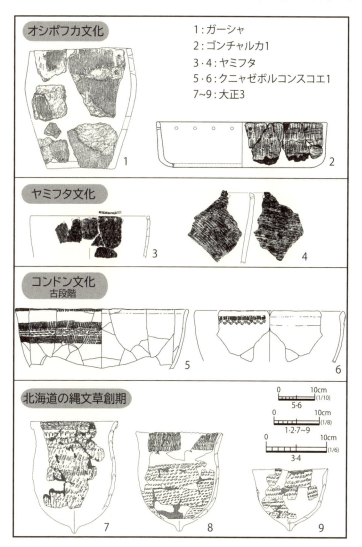

図7　環日本海北部における土器出現期〜完新世初頭の土器（報告書より）

は、細石刃石器群をともなう後期旧石器的な行動様式があった可能性があるといえる。本州系の適応形態は、適所を選択したためパッチ状に分布したこともあろう。また、亜寒帯性と温帯性の活動に適した環境と占地がモザイク状に存在したこともあろう。そのため、双方の分布域を南北に線引きをすることには、さほど意味がない。

3. 日本列島北辺域における新石器化のプロセス

縄文集団は、そもそも温帯性の列島環境に適した生活構造をもっており、北方にひろがる亜寒帯性の環境に適性がない（福田 2018）。北方適応形態の最前線は、オホーツク海の南岸域にあった。そこでは、気候環境の厳しさなどの要因で縄文的生活構造が持続困難であったとき、リスク回避行動がとられた。環境が大きく変わったときは、新技術を採用したり、周辺地域との社会的関係が強化されたりもした（Fukuda and Grishchenko 2017）。こうした北方適応形態の特質をわかりやすく見てとれるのが、完新世初頭である。北海道・南千島／クリル諸島では縄文時代早期（並行）、サハリン島では新石器時代前期となる。全体的に温暖化傾向でありながらも、その間、極端な寒暖の変化が数度訪れたことで知られる。

筆者は、サハリン—道東—南千島／クリルにおける縄文早期／新石器時代前期の適応形態変遷について、図8のように、道東太平洋側の土器型式を起点として4つの時期を設け、温帯性の適応形態と亜寒帯性技術の拡大・縮小のメカニズムを捉えている（福田 2017、Fukuda and Grishchenko 2017）。つまり、第1期：テンネル・暁式期（約10000〜9000年前）から、第2期：平底条痕文土器群期（約

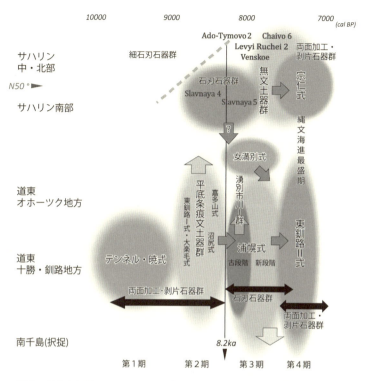

図8 列島北辺域における土器型式と適応形態の変遷概念図（福田 2017）

9000〜8500年前）、第3期：浦幌式期（約8500〜8000年前）を経て、縄文海進最盛期となる第4期：東釧路Ⅱ式期への変動である。オホーツク海南岸域は、後期旧石器〜縄文早期における道東産黒曜石の主たる分布範囲およびその周辺地域である。この地域における石材供給網と強く結びついた変動であろう。

 ところで、最近、世界的な寒冷期と歴史学上の画期との一致について指摘されることがよくある。人類史研究の世界的な潮流に沿っ

た結論を求めるのであれば、先史時代に関しては、極端な寒冷化が起きたときに行動様式や居住システムが変化する、という原則が当てはまることを確認しておけばよいのかもしれない。それで十分だと感じている人も、実際にいるようだ。

　そのような方法で日本列島の先史文化研究に一石を投じることに意味はない、とまでは思わない。ただしそれは、考古学の基本的な手続きが最低限守られていれば、の話である。ヨーロッパやアメリカなど、地理的、文化的に遠く離れ、下地となる生態環境がまったく異なる地域で論じられていることを、日本列島周辺地域に適用するためには、本来、膨大な下準備が必要なはずである。

　日本には、豊富な資料蓄積がある。土器型式の相対年代を軸とした、綿密な編年網もある。ロシアにもまた、独特の歴史観、学史的経緯、あるいは国情に密着した方法がある。日本的あるいはロシア的なやり方での発掘調査や、行動様式・居住システムの分析は、古くさくて世界水準に劣るようにみえるかもしれない。しかし、いわゆるグローバル・ヒストリーで軽視されがちな地域史の多様性を十分に汲むことができるのは確かである。世界各地で提案された方法を参照したり応用したりすることは大切である。ただ、目新しい方法の場当たり的な試行と、きちんと手続きを踏んだ上での議論とを、同次元で扱うべきではない。

　さて、寒冷化への適応の方策の一つに、技術導入がある。気候が回復すると、その技術は不要になる。だが、技術というものは社会的に継承されるものである。本格的な寒冷期が過ぎた後、地域により放棄される過程は異なっていた可能性がある。筆者は、8200年前の地球上をおそった急激かつ短期的な寒冷現象（8.2 ka 寒冷化イ

ベント）直後の道東における石刃鏃石器群の変化から、そのことを指摘した（福田 2017）。石器製作技術が環境変化にともない選択・管理されるという原則を確認することはできるが、そのほかに、土器のある時代に関しては、日本考古学が育んできた土器研究のベクトルからもできることがあるのではないか。

石刃鏃は、洗練された石刃技法により、黒曜石などの石材から量産された、規格性の高い長方形の薄手素材を用いた石鏃である。この技法は旧石器的、シベリア的なものであり、縄文時代の日本列島では他に導入されたことがないため、古くから注目されてきた。そのため、道東の縄文早期・石刃鏃文化については、後期旧石器研究の延長線上で議論されることが多かった。そして、遊動的／後期旧石器的な文化の南下渡来という先入観があったせいなのか、南方にひろがる列島縄文社会と関係の薄い事象として扱われてきた。しかもそれは、ロシア側の研究で一般的な、新石器時代前半期の石刃・細石刃をともなう現象に対する見方とも違っていた。

日本とロシア両方の方法を参照しながら新石器／縄文時代の遺跡群を調査してきた筆者は、そこに疑問をもった。そして、北海道における石刃鏃石器群をもつ集団では、最初期と目される女満別式期以外は、在地系の縄文土器が用いられ、集落の構造も、そして植物利用も在地の伝統に連なることを明らかにした（福田 2015b）。1950 年代以来の北海道―東北北部における縄文土器編年研究（二本柳ほか 1957、佐藤 1964 など）にもとづき、寒冷化による技術の導入から継承、放棄までを、細かい時間軸で説明することで、石器の機能面だけでなく社会面に言及することもできる（福田 2017）。

筆者は、道東の石刃鏃文化の出現から消滅までを、次のようなシ

ナリオで説明している。

① 縄文早期前半〜中葉の温暖環境に付随して、道東に縄文的な生活構造が広く見られるようになった。

② その直後に急激な寒冷化が訪れた（8.2 ka 寒冷化イベント）。寒冷環境に適応するため、道東産黒曜石を積極的に調達していたサハリン系集団から高度な石刃技法を導入・習得した（石刃鏃石器群）。

③ その後、気候は回復傾向に入り、生活構造が再拡大しても、その技術は残った。

④ 一層温暖化した環境に適さなくなった石刃鏃石器群の技術は、それぞれの地域社会で徐々に消滅した。

サハリン・アムール下流域との比較から、②の動きは、縄文系統にはなく、土器付着物の炭素14年代が全体的に古い女満別式土器——佐藤達夫（1964）が大陸に起源を求めた——の出現と関係する可能性がある。③の動きは、道東太平洋側に主体的な浦幌式土器の、温暖化にともなう分布拡大と連動する。石刃鏃文化の存続期間は数百年間とされるが、そのなかで最も時間が長いとされるのがこの段階である。④の現象は、縄文海進最盛期となる北海道の東釧路Ⅱ式期、サハリンの宗仁式期に起こったと考える。

日本列島は、南北に細長く、緯度や海流等による気候差がそもそも大きい。安斎正人（2014）は、寒冷ピークとその直後の急激な温暖化が1470±50年周期で8回起こったというボンド・サイクルによる寒冷化イベントを基点として、その前後の縄文社会の変動を全国規模で横割りに対比した。こうした試みがなされたことにより、列島内には、変化が緩慢にみえる地域もあれば、急激にみえる地域

もあることがわかってきた。

　主生業や居住域が違えば、その影響の受け方はかなり異なっていた可能性がある。また寒冷化といっても、夏の気温が低下したのか、冬の気温が低下したのか、どのくらいの速さや程度で下がったのかなど、状況は様々だろう。こうした日本国内の多様性を細かく読み解きそれを参照することで、列島北部から大陸ロシアにかけての北方寒冷地における新石器社会集団の適応形態を理解することができるのである。

4. ロシア極東における土器の出現と適応形態

　世界の旧石器時代の定義にしたがえば、縄文時代の草創期の部分は旧石器時代である（今村 2013）。だが日本では、学史上で土器の存在が重視されてきたこともあり、縄文時代の最初期に位置づけられている。ロシア極東では、出現期の土器は日本と同じくらい古く、土器に後期旧石器的な細石刃がともなうのだが、これも旧石器時代として扱われない。新石器時代開始期（最初期）とよばれている。アムール下流域のガーシャ遺跡では最古級の土器が出土し、オシポフカ文化に土器がともなうことが判明している。その後、コンドン文化→マルィシェボ文化→ボズネセノフカ文化と続く。

　コンドン文化以降の文化は、一体的に捉えられてきた。現在、ロシア極東の新石器時代は、開始期・前期・中期・後期と、区分されている。更新世／完新世移行期が開始期、完新世初頭が前期、気候最適期以降が中・後期に概ね並行するといえる。中・後期が典型的な新石器時代となり、中期は発展の段階、後期は変質・爛熟の段階

とよぶことができる（福田 2009）。文化史的解釈を重視するロシア極東の時期区分には、佐々木藤雄（2002）、今村啓爾（2013）、泉拓良（2013）が示した縄文時代時期区分に通ずるものがある。

　世界的に有名なオクラドニコフ（Окладников 1941・1959）の民族系統論によれば、アムール下流域において、新石器時代の生業・芸術文化は、現地の先住民族たちの生活世界に、固有性をもって継承されたことになる。これは、縄文文化を日本列島史の基層文化とする見方に近い。

　ロシア極東の新石器時代前期は、典型的な新石器時代の到来前の時期にあたる。日本の縄文早期とほぼ並行するのだが、アムール下流域の場合、この時期のものとされる遺跡が非常に少なかった。そのため、開始期のオシポフカ文化と典型的な新石器文化群との間には、数千年の時間的空白があった。これが、オシポフカ文化にともなう出現期の土器がコンドン文化以降の土器群とは別に扱われてきた大きな理由である。

　オシポフカ文化の遺跡は、スレドネアムールスカヤ低地帯北東部に分布する。これまでの炭素14年代測定値を集成すると、この文化の存続期間は約13000～12000年前となる。スレドネアムールスカヤ低地帯は、小興安嶺東麓からコムソモルスクナアムーレ市付近（北緯約50度）までのアムール流域にひろがる[1]。そこより北は、山岳地形が発達した河口域となる。コムソモルスクナアムーレ市のフーミ遺跡が、最北のオシポフカ文化遺跡である。ほかの遺跡は、ウスリー川との合流点となるハバロフスク市周辺に集中する。河口域では遺跡が発見されていない。北緯約50度より北にひろがらないのが、この文化の特徴であるとされる（大貫 2010）。気候環境が大

きく変わる河口域の北方寒冷地には適応困難であったのだろう。日本列島側に比べれば、アムール下流域の出現期土器は、より高緯度まで分布する。だが、出現期土器をもった集団は、北緯50度以北にひろがる東シベリア型寒冷環境へ進出することを、望まなかったといえる。

オシポフカ文化の遺跡群では、これまで日露共同発掘調査が精力的に進められてきた。そして遺構や土層堆積状況について明らかにされてきた。住居と確実に認定できる遺構はないが、ノボトロイツコエ10遺跡では窪み地形が検出され、多数の遺物が出土した（橋詰ほか編 2017）。内部に炉や小ピットがあり、屋内施設の存在をうかがわせる。調査を行った長沼正樹は、自然地形に人為活動痕跡がともなう可能性があるとしつつも、竪穴住居の可能性を捨てていない（長沼 2010 など）。ゴンチャルカ1遺跡では、墓坑と報告された遺構がある（Шевкомуд, Яншина 2012）。ほかに石棒など、日用品ではない「第二の道具」の出土も報告されている。それらがすべて当時のものであるとすると、オシポフカ文化にはきわめて定着性の高い居住形態があったことになる。だが、この時期の包含層に関しては、寒冷地特有の埋没後攪拌などにより、頻繁に後代の遺物が混在することも注目されている。

筆者はこの時期の遺跡を調査したことがないのでよくわからないが、後述するように、後続する前期には半定着的な居住形態の変遷があると考えられる。オシポフカ文化の定着性が、それより高かったとは考えにくい。橋詰らは、オシポフカ文化期と報告されてきた住居址や遺構のなかに検証可能な事例は少ない、と指摘する（橋詰ほか編 2017）。現時点では、後期旧石器的、北方シベリア的な生活

様式よりは移動性の低い生活様式があったと考えておきたい。

オシポフカ文化の標式に準じて扱われてきたガーシャ遺跡の土器は、平口縁と、内外面に粗雑な条痕調整が施された肉厚器壁をもつ平底深鉢である。ゴンチャルカ1遺跡やノボトロイツコエ10遺跡には、円孔文・隆起線文・櫛歯文が施された土器がある。櫛歯状工具によってジグザグ文が描かれた土器は、付着物の炭素14年代値がやや若い。そのこともあり、オシポフカ文化遺跡群のなかにも時期差があると指摘されている（内田 2015 参照）。後期・ボズネセノフカ文化の代表的な土器文様として、同じようなジグザグの櫛歯文がある。オシポフカ文化のジグザグ文との間に数千年の間隙をおいた系統関係が求められたこともある。これは、典型的な新石器文化の祖型を、新石器的な「擦りや磨き」の石器技術が出現するオシポフカ文化にまで遡らせようとする見方である（シェフコムード 2008 など）。中間となる前・中期に類似文様がないこともあり、一般的な考えにはなっていない。

5. アムール下流域における新石器化のプロセス

土器出現期と典型的な新石器時代との間については、不明な状況が長らく続いていた。2000 年代に入り、筆者らは、クニャゼボルコンスコエ1遺跡とヤミフタ遺跡で日露共同発掘調査を実施した。[2]それにより、新石器時代前期の遺物組成のみならず、居住形態もみえてきた。また、スレドネアムールスカヤ低地帯北東部における、典型的な新石器時代に至る過程——新石器化のプロセスについて、大枠で説明できるようになってきた。以下で、調査成果を紹介する。

調査の結果、新石器時代前期のなかに、ヤミフタ文化期とコンドン文化古段階を設定した。ヤミフタ文化の標式遺跡となるヤミフタ遺跡における第III段階の遺構出土木炭の炭素14年代は、約9300～8700年前である。また、コンドン文化古段階の標式遺跡となるクニャゼボルコンスコエ1遺跡におけるII層の遺構出土木炭の炭素14年代は、約8500～7300年前である。ただし、7300年前という数値は、やや新しい生活面に関係する可能性がある。そのため、コンドン文化古段階の下限年代は確定しにくい。

アムール河口域で認定されたマリインスコエ文化の土器はクニャゼボルコンスコエ1遺跡の近く、ペトロパブロフスコエ島遺跡にもあると指摘された（Медведев, Филатова 2014）。しかし、内田和典（2011）の分析によれば、河口域のマリインスコエ文化の土器を含め、この一群は、コンドン文化古段階の一部とみなすことができる。

（1）コンドン文化古段階の居住形態

クニャゼボルコンスコエ1遺跡は、ペトロパブロフスコエ湖を経てアムール川に合流するアボール川右岸の丘陵南西端の低いテラス上に位置する。2006年調査では、プランが円に近い形の竪穴1軒が検出された。2009年調査では、同様の竪穴が少なくとも2軒並ぶことを確認した（福田ほか編 2011）。居住空間は、アボール川の現汀線との比高差が約2.0～2.5mとなる、テラス先端の平坦面にひろがる。

IIc層で検出された1号住居は、皿状に掘り込まれる。床面には、中央に炉、屋内施設の存在を示唆する小ピット群をともなう。掘り込み面から竪穴の埋土上部にかけて、竪穴プランの外側にはみ

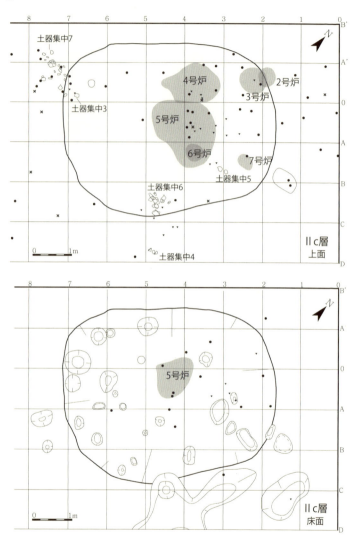

図9 クニャゼボルコンスコエ1遺跡の竪穴住居
（福田ほか編 2011 を一部改変）

第2章 東北アジアにおける土器のはじまり　39

図10　クニャゼボルコンスコエ1遺跡2009年発掘調査風景
　　　（竪穴住居検出中）

出した炉や土器集中がある。竪穴廃絶後にこの場所が再利用されたとみられるが、床面や壁と接する箇所もある。そのため、竪穴床面との間に時間差があるのかどうか、はっきりとしない。[3]

　コンドン文化新段階の竪穴住居は、ハルピチャン4遺跡などにある。床面に屋内炉と柱穴群があり、壁はしっかりと立ち上がる。これが、典型的な新石器時代の住居構造である。一方、クニャゼボルコンスコエ1遺跡の竪穴は、深さ24 cmと浅く、壁はゆるやかに立ち上がる。コンドン文化新段階と比較すると、住居構造はかなり簡素である。

（2）ヤミフタ文化期の居住形態

　ヤミフタ遺跡は、デビャートカ川に沿って点在するコンドン遺跡群の一部である。コンドン村の北部、デビャートカ川右岸から約150 m 離れた低いテラス上に位置している。

　1960 年代にロシアの考古学者モチャーノフがこの遺跡の発掘調査を行っており、コンドン遺跡群のなかでも古い時期の包含層があることがわかっていた。2009 年の試掘調査ではオシポフカ文化に後続すると考えられる土器・石器が出土し、ともなう木炭の炭素14 年代は 8030 ± 40 年前となった。オシポフカ文化とコンドン文化との間に位置する時期の包含層があることが判明した（内田ほか2011）。その結果をもとに 2011 年調査では、4 m×4 m の調査区を発掘し、次の層序があることを確認した（福田ほか編 2014）。

　第 I 段階（2 層）：新石器時代後期・ボズネセノフカ文化層

　第 II 段階（3・4 層）：新石器時代前期〜後期・ボズネセノフカ文化期の活動による埋没後攪拌作用を受けたヤミフタ文化層

　第 III 段階（5・6 層）：新石器時代前期・ヤミフタ文化層

　第 III a 段階：1 号・2 号大型遺構、1 号・2 号焼土を検出

　第 III b 段階：6 号・7 号ピットを検出

　この調査地点では、新石器時代前期〜後期の土地利用史を把握することができた。まず、第 I 段階は、隣接するボズネセノフカ文化期の大型竪穴住居の構築または利用に関係して形成された土層である。ボズネセノフカ文化最新段階（約 4100〜3700 年前）の遺物が出土した。第 II 段階からは、2009 年調査でも出土した条痕文土器と無文土器が出土した。第 I 段階の活動にともなう人為攪拌作用の影響を強く受ける。第 III 段階が、新たに設定したヤミフタ文化の

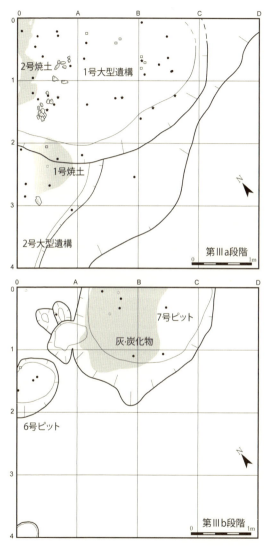

図 11 ヤミフタ遺跡第 III 段階の遺構（福田ほか編 2014 を一部改変）

標式となる2枚の生活面である。焼土をともなう大型ピット群が、少量の土器、多数の石器と一緒に出土した。上部からの攪拌作用の影響は少なく、保存状態がきわめてよい。

　第Ⅲa段階の大形遺構1のプランは、調査区外に延びる。平坦な床面に、炉痕とみられる焼土（炉2）が分布する。重複関係にある大型遺構1と大型遺構2をまたぐ位置にも、焼土（炉1）がひろがっている。遺構内からは、多数の石器と数点の土器片が出土した。ごく一部しか調査できていない大型遺構2は、詳細が不明である。その上に重なる大型遺構1は、おそらく円形プランとなる。皿状に掘り込まれ、深さは約30cmである。床面中心と推定される位置に炉をもつといえるが、床面のピットは未検出である。

　第Ⅲb段階の7号ピットは、調査区外に延びる。おそらく楕円形プランとなる。小礫混じりの床面は平坦であり、壁はしっかりと立ち上がる。床面に灰・炭化物がひろがり、遺物が一緒に出土した。北側に小ピットが3つ付属する。床面のピットは未検出である。自然地形を一部改変し、火を使った活動を行ったようにもみえる。だが、6号ピットとともに、その機能は特定しがたい。

　炭素14年代は、第Ⅲa段階の炉1出土木炭1点が約9300～9100年前、第Ⅲb段階の7号ピット床面および包含層から出土した木炭3点が約9200～8800年前である。第Ⅲa段階と第Ⅲb段階とでは別々の土地利用が認められるのだが、年代差はなく、遺物組成にも有意な変化は認められない。短期間のうちに同地点が数回利用されたとはいえるが、そこに居住形態の変化の画期があったとは考えにくい。

6. アムール下流域における土器出現期〜完新世初頭の適応形態

　事例は限られているが、今後検討すべき課題を明確にするため、オシポフカ文化、ヤミフタ文化、コンドン文化古段階の間で比較を試みる。

　まず、ヤミフタ遺跡第Ⅲb段階のあり方は、ノボトロイッコエ10遺跡の活動痕に近いともいえる。ただ、ノボトロイッコエ10遺跡では炭素14年代値が約13000年前に集中している（國木田ほか2017）。下限年代がヤミフタ文化に近づく可能性は低く、約4000年の時間差を説明することはできない。次に、ヤミフタ遺跡第Ⅲa段階の大型遺構1の形状はクニャゼボルコンスコエ1遺跡の竪穴に近いが、柱穴となる床面ピットがない。その代用となり得る竪穴外ピットの存在も確認されていない。柱穴の有無が定着化の段階指標となるのか、今後注目していきたい。

　ヤミフタ遺跡の石器技術・器種組成は、オシポフカ文化のものと大きく異なり、そこから環境の大きな変化を読みとれる（森先・佐藤 2014）。ともなう条痕文土器にはオシポフカ文化からの系統性が認められるが、オシポフカ文化とヤミフタ文化とでは適応形態に大きな差がある。ヤミフタ文化期に、定着化のプロセスが開始した可能性は高い。道東の並行期（第1期：テンネル・曉式期、第2期：平底条痕文土器群期）では、貯蔵穴をともなう集落が形成される。それらよりは定着性が低いといえる。南サハリンの新石器時代前期・スラブナヤ4遺跡に類した形態がある。

ヤミフタ文化とコンドン文化古段階とでは、石刃技法など、石器の一部に共通性はあるが、土器型式の系統性は認められない。したがって、単一の文化伝統であるとはいえない。筆者は、ヤミフタ文化は温帯性の適応形態が北緯50度付近に拡大したものであると考えている。コンドン文化古段階の土器型式と居住形態との間には大きな差があるので、両文化は別々の系統とみる。

　ヤミフタ遺跡における2009年調査で隆起線文土器が出土し、ノボペトロフカ文化の土器に類似すると指摘された（大貫ほか2012）。2011年調査では出土しておらず、それが異系統共存となるのか、別の時期になるのかわからない。しかし、ノボペトロフカ文化の土器が小興安嶺以西に主として分布するのであれば、ヤミフタ遺跡では複数の系統が短期間のうちに入り交じっていた可能性がある。完新世初頭に特有の、やや漂泊的とでもいえる行動様式が、そこに認められるのだろうか。

　コンドン文化新段階の開始年代は、信頼性の高い遺構出土木炭の炭素14年代値が不足しており絞り込めないが、7000年前台とみておく。コンドン文化新段階は、列島北辺域の第4期（東釧路II式期）の開始とほぼ並行する。北海道ではこの段階に竪穴・集落が増加し、定着化が進行した。道東を基点とした土器型式が広く拡散する現象も生じた。縄文海進最盛期の到来と連動する北方寒冷地における温帯性新石器文化の安定化である。並行期のアムール下流域でも、コンドン文化古段階の文化伝統を引き継ぐコンドン文化新段階に、同様の現象が生じた。前述のとおり、ロシア極東では、気候最適期になり新石器時代中期が始まる。コンドン文化は全体的に中期前半に属すると理解されているが、現行の定義に忠実にしたがう限

り、正確には、コンドン文化新段階からが中期である。ヤミフタ文化とコンドン文化古段階は前期であり、中期以降の定着化の萌芽がみられる。これは、北海道の縄文早期との比較が可能である。

遺跡情報が比較的そろった列島側との間で適応形態の比較を行うと、大陸側の変遷は、全体的に緩慢なように感じる。調査の進展により、その実態がより具体的に解明されることを期待したい。

7. 東アジア北方寒冷地における土器の出現

中国華南では近年、約20000年前に遡るような年代をもつ土器が出土している[4]。大貫静夫（2015）が述べるように、大雑把にみれば、「粘土を焼いて器を作るという程度の情報」が、南から北にひろがった可能性は否定できない。だが、土器の出現は時間的にも地域的にも多様性があり、伝播論による説明もできない（大貫2015）。南方の文化伝統が温暖化と関係して北方に拡大したことが、東アジア北方寒冷地における土器の出現につながったとは、まだいえない。

筆者は、環日本海北部における土器出現期に関して、次のように説明するのが適切だと考える。温暖化により新たに生じた北方の生存／活動適地を、土器を保有していた人々が先んじて占地・拡大したことで成立したのがアムール下流域のオシポフカ文化であり、北海道の縄文草創期である。温暖環境が土器の使用・製作技術や定着化を促進したとはいえるが、土器が出現するための必要条件が温暖環境であったというわけではない。総じて、環日本海北部における新石器時代の適応形態というものは、温帯性の生活構造が北方寒冷

地へ拡大・縮小する軌跡として捉えられる。土器出現期に関しても、これと同じ脈絡により説明されるべきである。だから、ザバイカルも含め、東アジア北方寒冷地における土器の出現は、それぞれの地域に特有の適応要件に応じて、多様だったと考えられるのである。異なる生態系をいくつも超えなければ成立しない東西交渉史を探究するにせよ、そうした面を無視してはならない。

　最後に、筆者の調査経験にもとづく意見を述べておきたい。北方寒冷地の新石器時代遺跡群で発掘調査をしていると、非常に粗雑な作りの土器や経年劣化してしまった土器が出土することが、よくある。これは、土器が多くあるように思われがちな道東の縄文時代早期遺跡でも同じである。アムール下流域では、新石器時代後期の遺跡でも起こりうることである。土器がないのではなく、土器そのものの脆弱さや、土器の保存状態に悪影響を与える埋没後の各種自然条件があり、回収できない、あるいは、発見できないといった事態があることにも注意したい。[5]

　土器の有無が重要な指標であることは認める。だが筆者は、土器の有無だけにこだわるのではなく、東アジア北方寒冷地における更新世末～完新世初頭の変遷を多元論と適応論の両面から捉えることが大切であると考える。

　注
　（1）アムール流域の地形学的区分と遺跡立地に関しては、福田（2015a）
　　　を参照のこと。
　（2）ヤミフタ遺跡は、コンドン1遺跡とよばれたものと同一である。複
　　　数の呼び方があるが、筆者は遺跡を管轄するハバロフスク地方政府の
　　　方針にしたがい、「ヤミフタ遺跡」とよぶ。なお、Cohen（2013）で

は、断片的な情報による速報発表が拾われ、ロシア極東の土器出現期の遺跡と同類のごとく紹介された。本章で述べるように、それは違う。諸国研究者の大きな誤解を招いており、調査者としてとても困っている。

（3）2011年調査で発掘した2号住居も同様の状況であった。この調査では、調査期間中に天候が悪化し、アムール川で未曽有の氾濫が起こり、アボール川の水位が急激に上昇し、記録をとる前に調査区が水没してしまった。そのため、調査結果を正確に報告することができなかった。

（4）中国における出現期の土器とその年代については、本書第4章を参照のこと。

（5）ところで、加藤晋平（1989）が紹介したように、ヨーロッパやシベリアの旧石器時代に、粘土を焼いて土偶を作る技術がある。細石刃石器群の普及にともなって、その技術が後期旧石器時代の東アジアに到来し、粘土を焼いて器を作る伝統につながったと考える人がいるかもしれない。西方における粘土を焼く技術の発明と、東方における煮炊き用具の出現を結びつけた議論は、一見すると、前述した芹沢長介（1960）の仮説を補強できそうである。しかし、東アジアにおける近年の研究動向からは大きく逸れる。かつての東西交渉史論に似ており、検証しようがない。

（福田正宏）

コラム2
ウルシと漆文化の起源

　最近15年の間に遺跡出土木材や花粉でウルシが同定できるようになり、日本列島のウルシと漆文化の起源をめぐって新しい発見がいくつかあった。その一つは福井県鳥浜貝塚の縄文時代草創期の遺物包含層から出土したウルシ材が、放射性炭素年代測定によって約12600年前のものであることが確かめられたことである（鈴木ほか 2012）。

　日本列島の漆文化の起源をめぐっては近年様々な仮説が提示されている（図12）。かつては漆文化とともにウルシも縄文時代前期（約7000年前）頃に将来されたと考えられてきたが（仮説A）、鳥浜貝塚のウルシ材はこの説を否定した。鳥浜貝塚出土の縄文時代草創期のウルシ材は、縄文時代の漆器出土例と比較しても突出して古い。漆文化の成立には、植物としてのウルシの存在が不可欠であるため、これはきわめて重要な問題なのである。縄文時代草創期には「文化としての漆」の証拠はみつかっていない。低湿地遺跡がほとんどみつかっていないこともあり、漆文化が存在したのか、存在しなかったのかを確かめることは現状では困難である。では、鳥浜貝塚の12600年前のウルシの存在をどのように位置づけたらよいだろうか。これには二つの仮説が考えられ、一つは縄文時代草創期かそれ以前の「持ち込み説」、もう一つは「自生説」である。

　自生説では、北海道の垣ノ島B遺跡の漆器を日本最古・世界最古と考え、鳥浜貝塚のウルシ材の存在からウルシ自体が日本列島で自生していたとみる（仮説B）。しかし、自生説では現在の日本列島の環境でウルシが人の管理・栽培なしには更新できないことを説明しにくい。

　では、ウルシの「持ち込み説」はどうだろうか。ウルシの本来の天然

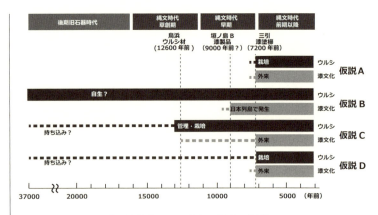

図 12 漆文化のはじまりに関する仮説

分布は中国であり、持ち込みだと考える場合には「その地域から、あるいはその地域を経由した人の動き」を想定しなくてはならない。約12600年前以前に大陸からの人々の流入があったとすれば、約37000年前にホモ・サピエンスが日本列島に到達した頃、そして約20000年前頃からの細石刃文化のひろがりにともなう大陸からの人々の流入という、大きく2回の移動の波が考えられる。もしこれらの時期に人の移動にともなってウルシが日本列島に持ち込まれたのだとするならば、可能性としては接着剤・膠着材としての用途が考えられるだろうか。ホモ・サピエンスの東アジアへの拡散の過程で、ウルシやアサ、ヒョウタンなどの様々な有用植物が人々と共に移動した可能性、そしてこれらが後期旧石器時代の出来事であった可能性は十分に考えられる（工藤 2017）。筆者はこれを「有用植物パッケージ仮説」とよんでいる（工藤 2018）。仮説Cは、縄文時代草創期の鳥浜貝塚の時期にはなんらかの形でウルシの管理・栽培が行われていたとみる。一方、仮説Dは管理・栽培は漆器が多く出土するようになる縄文時代早期末頃からとみる点で異なる。

　縄文時代草創期や後期旧石器時代の低湿地遺跡がほとんどみつかって

コラム2 ウルシと漆文化の起源 51

いない現在、後期旧石器時代におけるウルシの「持ち込み説」も想像の域を出ない。今後、縄文時代草創期およびそれ以前に遡る新たなウルシ・漆関連資料の発見に期待したい。

（工藤雄一郎）

第3章　日本列島における土器のはじまり

　縄文文化成立の要件については、土器の出現という文化的要因に重きをおく立場と、氷河期から後氷期への自然環境の変化を画期とみなす立場に大きく分かれるとともに、文化史的画期について、土器以外にもその要因を探る研究が深められてきた。白石浩之は、山内清男（1969）以来の「縄文時代草創期の様相」を考える上で、土器（最古の土器の位置づけ・隆線文土器の変遷）、遺構、石器（石鏃の出現、神子柴・長者久保系石器）がポイントとなると端的にまとめている。

　筆者は、土器の出現と普及、居住施設の定立、弓矢の一般化、石偶・土偶の出現を縄文文化成立の要因と指摘した（小林 2012）。また、これら以外にも磨石・台石などの植物質食料加工具の増大や、釣針や貝塚に代表される海洋資源の利用など、様々な旧石器時代との差異を俎上に挙げてきた。もちろん、貯蔵穴やイヌの飼育、石匙形石器の出現まで、結果として異なる文化的特徴が存在することは、いわば当然の帰結ともいえる。一方で、文化的枠組みの捉え方によって、縄文文化がいつからか（縄文時代の開始期）という理解が大きく異なることとなる。

　その上で、縄文時代が実年代でいつからか、という時間的な問題があらわになってくるが、この点は前述の考古学的な枠組みがいつ

からかとする立場によって異なり、それぞれの画期の実年代を AMS 放射性炭素年代測定法などで求めることになる。どの段階をもって縄文時代とするかとは別として、文化要素の変化に応じた階梯ごとに年代推定を進めており、現時点における年代観を述べることは（タイムスケールや誤差の問題はあるとしても）可能と考える。

1. 時間的枠組み

最初に、環境の変化と文化の変化の流れを捉えていく上で必要な時間的枠組みについて整理しておきたい。

筆者の編年観にもとづいた土器編年案に、炭素 14 年代測定結果を樹木年輪年代に基づき補正した較正年代からの推定実年代を比定した時間的枠組みを示しておく。土器出現期から隆起線文土器段階の編年研究（大塚 2000 など）については新たに発見された土器資料の蓄積と、炭素 14 年代および較正年代の進展にともなった研究の深化が進められている。土器編年体系自体が未だ完成の域には遠い段階ではあるが、筆者が過去に示した年代測定および較正年代（小林 2017）から、縄文草創期については下記の年代観を仮定しておく。以下、^{14}C BP は炭素 14 年代測定値、cal BP は樹木年輪年代と対比させて暦年代を推定した較正年代を 1950 年起点で何年前と表記した年代である。

縄文草創期

隆起線文〜多縄紋土器段階、15540-11345 cal BP と推測する。なお、便宜的に旧石器時代最終末と考えている隆線文土器以前の無文土器などをともなう段階をＳ0 期とする。

S0期

無紋（大平山元 I ）13000^{14}C BP を遡る値、IntCal13 較正年代で 16500-15000 cal BP の中にあたり、OxCal プログラムでの解析から 15860-15540 cal BP 頃と推測する。

S1期

隆起線文土器段階、15540-12930 cal BP と推測。隆線文のみが展開する 1-1 期と、微隆起線文・隆帯文および爪形紋土器がみられる 1-2 期に区分する。

S1-1期　隆起線文成立期の御殿山遺跡の年代は 13000^{14}C BP を遡る値、15500 cal BP に該当する。隆起線文土器段階を 3 細分した場合の隆線文 1 期（SFC II 区・V 区の太めの隆線）・2 期（SFC I 区の細隆線、上野 2 ・万福寺・久保寺南・上黒岩など）並行は 12800-12000^{14}C BP、15500-14000 cal BP である。較正曲線との関係および OxCal プログラムの Median の値から 15540-14170 cal BP の期間と推定する。

S1-2期　隆線文 3 期（SFC III 区の微隆起線、黒姫・星光山荘）・隆帯文（宮西・葛原沢 IV ・奥ノ仁田）および円孔文（壬）・無紋（野沢・仲町）・それらに共伴する爪形紋土器がみられる段階、12000-11500^{14}C BP、較正曲線との関係および Median の値をとって 14170-12930 cal BP の期間と推定する。なお、葛原沢 IV 遺跡の隆帯文土器が新しい値 S2-1 期に含まれる場合は推定年代の下限が異なってくる可能性がある。

S2期

隆起線文以降の大型の爪形の爪形紋、押圧縄紋、多縄紋、それらに並行する無紋土器段階である。

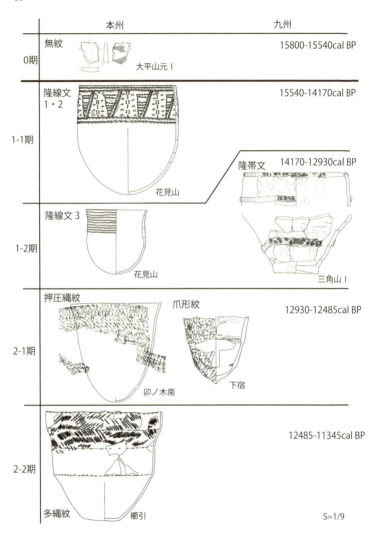

図13 縄文草創期の時間的枠組み

S2-1期 爪形紋（登谷・薬師寺稲荷台・西鹿田中島）・押圧縄紋（卯ノ木南）・無紋（粥見井尻・相谷熊原）土器段階。長野県美女遺跡の葛原沢II式（押圧縄紋・爪形紋）が $11050 \pm 30^{14}C$ BP など。$11500\text{-}10000^{14}C$ BP の測定値で、較正曲線との関係および Median の値をとって 12930-12485 cal BP の期間と推定する。爪形紋単独の時期が前半に比定され、後半に押圧縄紋がともなう時期が存在すると考えている。

S2-2期 多縄紋（室谷下層式並行）・表裏縄紋（丸尾北）土器段階である。$10900\text{-}9800^{14}C$ BP の測定値で、較正曲線との関係および Median の値をとって 12485-11345 cal BP の期間と推定する。

2. 縄文草創期における環境と文化様相

縄文時代のはじまり、すなわち縄文文化の出現の様相については、以前は約1万年前に氷河期が終わり、大型獣が滅びて照葉樹・広葉樹が森林を形成する環境の変化に応じて、旧石器時代の遊動民が大型獣を追う狩猟中心の生活から、木の実など植物質食料を採取し土器で煮炊きする生業形態に転じたことで、一定地域に定着的な生活を始めたと理解してきた。しかし、近年の年代測定研究の進展により、日本列島の土器の初現は16500～15500年前に遡り、氷河期の最中に起きたことが明らかとなった（谷口 1999）。現在、中国南部や沿海州・アムール川流域の初期土器群との関係が明らかではないが、少なくとも日本本州島東部において、世界で最も古い土器の一つが発明されていた。このことから、日本列島においては、西アジアなどと異なり、農耕の起源と無関係に土器が生み出されたこ

とが確実となり、従来の農耕・牧畜の発明を中心においた「新石器革命」については、地域ごとに異なった様相を検討すべきと示唆されている。

　最初に、近年の自然科学的研究成果により明らかになってきた当該時期の環境変動について整理しておきたい。野尻湖など湖底堆積物における花粉分析での植生の変化、グリーンランドの氷床コアによる酸素同位体変動、中国のフールー洞窟の石筍の酸素同位体変動から復元された東アジアのモンスーン変動（図14）などから、太陽活動の10万年に及ぶ長期の変動周期により、最終氷期から15000年前にいったん急激に温暖化することが解明されている（工藤 2011）。その際の平均気温の上昇は100年以内の短期間で8度以上とされており、急激な温暖化であった。

　さらに1500年後の13500年前頃からヤンガードリアス小氷期とよばれる寒冷期を迎え、平均気温が氷河期の寒冷期に近い程度、すなわち再び平均気温で−8度程度寒くなった。その後、約11600年前になると完全に氷河期が終わり、やはり100年間で平均気温8度ほど上昇したとされる。

　その後は8.2 kaイベントなど時折の寒冷期を含みながら、縄文海進期とよばれる平均気温が今より2度くらい高い温暖期が縄文時代前半段階は続いた。海水面が上昇し対馬海峡や津軽海峡が広くなり、海流が日本海に流れ込むと、日本海側に冬は雪が多く降るなど寒暖差が生じた。その結果、植生が大きく変わり、旧石器時代の亜寒帯性の針葉樹林帯から、まず日本海側にブナ林がひろがり、西日本は照葉樹林帯、東日本は落葉樹林帯がひろがって、木の実などの植物質食料が豊富になるとともに、イノシシ・シカが生息域をひろ

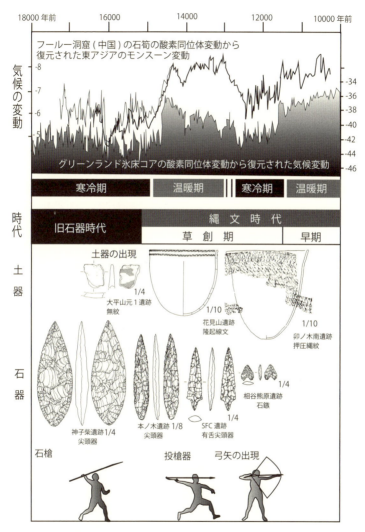

図14 縄文のはじまり環境変動（工藤 2011 改変）

げた。動物相だけでなく、砂浜や岩礁が海岸部にひろがり、貝や海産物の利用も容易となり貝塚が作られるようになる。東日本の河川にサケ・マスが遡上するようになるのも、こうした環境変動の影響による可能性があろう。すなわち、縄文時代の特徴とされる木の実や根菜類などの植物質食料の利用、シカ・イノシシなど中型獣の狩猟、海産資源の利用といった条件がそろうのである。

　そういった環境変動すなわち生態環境の変化に適応していった「はじまり」が、縄文時代草創期の文化であると捉えるのは、合理的な解釈であろう。以下に、具体的な文化変化として、土器、住居、石器について検討することとしたい。

3. 土器の数量にみる土器利用の普及

　日本列島での歴史のみならず、人類史的な発展段階においても、その環境への適応や技術的手段としての土器の発明が、重大事件であったことは間違いない。チャイルドがいうように、土器は人類が手にした初の化学変化の産物であり、かつ土器によってその後の様々な文化が生み出されていったことも明確である。土器の成立、そして日本列島の豊かな自然環境に適応した縄文土器文化が、環境資源の浪費に悩む現代社会にとって、第一に参照するべき鏡であるとも指摘されている。

　しかしながら、大平山元 I 遺跡など、土器出現期の遺跡の様相をみると、石刃と大型の槍先形尖頭器・局部磨製石斧を特徴とする大型獣の狩猟を対象とする晩期旧石器文化の石器組成をもち、神子柴・長者久保段階の旧石器文化に属すると判断できる。土器本来の

文化的な装備として意義をもつのは、その後の温暖期の植物質食料加工としての役割が明確となり、一定の数量をもった文化的装備として列島全域の居住民に拡散する隆線文土器からである。さらに、その段階において一定の文様装飾を隆線文による土器加飾として定着させたことは、文化的にも大きな意味をもつ。すなわち、隆線文土器からが、その後の土器文化に連なる縄文文化複合体の初現段階と捉えられるのである。

　まず、文様装飾の定着と、地域的な系統性の獲得という点でみてみよう。図15は、筆者による南西関東地方特に神奈川県東部の境川流域・鶴見川流域を中心とした隆線文土器段階の遺跡集中部における土器の型式学的編年「境川流域隆線文土器編年」を図示したものである。15500-12950 cal BP頃のおおよそ2500年間にわたり、同一地域において連続的に8〜9細別時期に連なる型式的な変化をたどることができる。2500年間を8細別とすると概ね1細別時期が300年ほどとなる。一方で、年代測定の成果では前半の1-1期（隆線文1a古-2b）は1300年間ほどが隆線文1a〜2b期まで6細別時期で約200年強の時間幅に区切られるが、爪形紋が並存し南九州系の隆帯文系土器の影響が東海地方まで及ぶ1-2期（隆線文3a・3b）は1000年間で2細別にしか分けられない。今後の年代比定の精度の向上と編年研究の進展に応じて改めて検討していく必要があるが、地域的な系統土器群が展開していることは疑いなく、縄文土器文化の特徴を兼ね備えていると捉えることができる。

　広く列島全域の分布に目を向けるならば、図16に示すように、隆線文最末期〜爪形紋初現期には本州・四国島および九州島全域はもとより、北は北海道帯広市大正3遺跡、南は南九州南沖の種子島

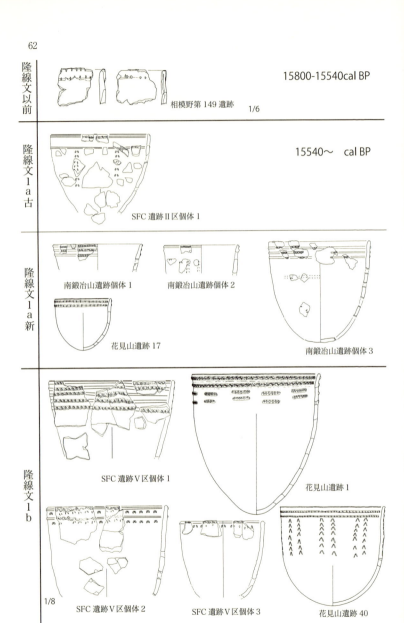

図15 南西関東における隆線文土器の編年

第 3 章 日本列島における土器のはじまり 63

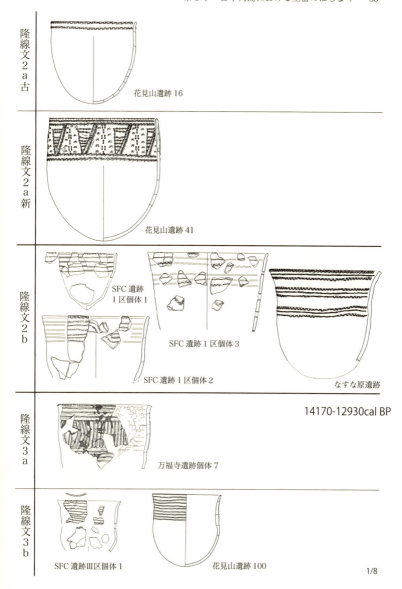

隆線文 2a 古 — 花見山遺跡 16
隆線文 2a 新 — 花見山遺跡 41
隆線文 2b — SFC 遺跡 1 区個体 1／SFC 遺跡 1 区個体 3／SFC 遺跡 1 区個体 2／なすな原遺跡
14170-12930cal BP
隆線文 3a — 万福寺遺跡個体 7
隆線文 3b — SFC 遺跡Ⅲ区個体 1／花見山遺跡 100

図16　縄文草創期土器の拡がり

三角山Ⅰ遺跡、奥ノ仁田遺跡まで分布がひろがる。さらに詳しくみるならば、南九州系の鹿児島県域の竹ノ山、三角山Ⅰ、奥ノ仁田などの隆帯文系土器群の系列と、大平山元Ⅰに初現が求められ得る可能性がある神奈川県域の相模野149、寺尾、湘南藤沢キャンパス内（SFC）、花見山などの隆線文系土器群の系列とに区分できる。1-2期までには四国高知県、三重県、愛知県、静岡県に隆帯文系の系譜をひく宮西・葛原沢Ⅳ遺跡の隆帯文系の土器がひろがってくるのに対し、東北・関東系の隆線文系は北九州初現の豆粒紋系の隆線文

系土器と融合する形で北陸・中部・近畿や愛媛県上黒岩岩陰遺跡、さらには北九州に展開する南北2系統、または南北と北西九州起源の多元的な流れによって、列島全体に土器文化がひろがるものと捉え得る。

　地域・時期ごとの土器の保有量でこの間の動向をみてみたい。土器保有量については、谷口康浩が土器出現期から縄文早期までの土器出土量の年代的推移を列島各地の主要遺跡での土器破片量で示し、南九州の隆起線文土器段階（筆者のいう隆帯文にあたる）に比較的多量の土器を出土する遺跡が現れ、温暖化にともなう堅果類利用の増大を反映すると捉えた（谷口 2004）。その見解を基本的には評価するが、隆帯文土器群の年代的位置づけがヤンガードリアス小氷期にさしかかる年代が主であり温暖化にともなう土器利用の増加と単純にいえない可能性があること、破片数を基準としているが個体数で換算しないと具体的な土器利用状況の復元に益しないことから、新たに検討し直すこととした。

　表1は、東北・関東、近畿瀬戸内、北九州、東海、南九州の主要遺跡の時期別の土器量として、口縁部数などから推定される個体数を示したものである。個体数の算定には報告書での記載を優先するが、報告者の所見が不明な場合は図示された口縁部破片から筆者が判断したが正確さには欠ける。ある程度の広さを調査した居住痕跡のある遺跡を代表例として算定したが、花見山遺跡など複数時期にわたり土器数を時期別に数えられない遺跡は除いた。

　北海道では1-2期にあたる隆線文最終末・爪形紋期の土器が大正3遺跡で15個体、2-1期の押圧縄紋土器1個体が出土した大麻遺跡が認められるが、草創期の遺跡自体が少ない。東北では、0期とし

表1 時期別の土器量（個体数換算）

	0期	1-1期	1-2期	2-1期	2-2期
北海道			大正3 〔15〕	大麻 〔1〕	
東 北	大平山元Ⅰ 〔1〕	日向洞窟西 〔5〕	表館（1） 〔1〕	大新町 〔51〕	櫛引 〔26〕
関 東	後野 〔2〕	SFCⅡ区 〔4〕	万福寺 No.2 〔15〕	深見諏訪山 〔31〕	西鹿田中島 〔10〕
北 陸		北林C 〔3〕	屋敷田Ⅲ 〔20〕	本ノ木 〔23〕	室谷 〔109〕
中 部	日向林B 〔1〕	貫ノ木 〔1〕	宮ノ前15層 〔6〕	仲町 〔4〕	お宮の森裏 〔124〕
東 海		宮西 〔5〕	葛原沢Ⅳ 〔7〕	大鹿窪-Ⅲ期 〔144〕	仲道A1-3次 〔64〕
近畿 中四国		上黒岩9層 〔9〕	穴神洞8層 〔1〕	相谷熊原 〔36〕	上黒岩6層 〔8〕
北九州	泉福寺10層 の1部〔?〕	福井3層 〔1〕	泉福寺6層 〔4〕	泉福寺5層 〔8〕	大原D 〔73〕
南九州	横井竹ノ山 〔3〕	狸谷 〔1〕	奥ノ仁田 〔103〕	建昌城跡 〔39〕	

※〔 〕内の数字が土器個体数をあらわす。

た大平山元Ⅰ遺跡に1個体、1-1期の日向洞窟西遺跡に5個体、
1-2期の表館（1）遺跡に1個体、2-1期爪形紋期の大新町遺跡に口
縁部片から51個体、2-2期の櫛引遺跡に多縄紋土器が口縁部片か
ら26個体と推定される。関東地方では、0期とした後野遺跡や前
田耕地遺跡など無紋土器・窩紋土器が1～2個体のみ出土する遺跡
が複数認められ、1-1期隆線文土器古段階ではSFC遺跡各地点な
ど1～5個体程度の土器を出土する居住痕跡が複数認められる。な
お、花見山遺跡では隆線文土器古段階の花見山1式とされる土器

10 個体、花見山 2 式とされる土器 85 個体が出土するが、重層的に
居住された可能性が考えられ、複数時期に細別すると 1 時期に 10
個体程度と考えている。細隆線の隆線文新段階である 1-2 期には、
万福寺 No.2 地点で 15 個体、一鍬田甚兵衛山南遺跡で 12 個体、
2-1 期爪形紋・押圧縄文期には深見諏訪山遺跡で口縁部片から 31
個体、2-2 期多縄紋期では西鹿田中島遺跡 10 個体、北町遺跡 15 個
体などが認められる。北陸では 0 期の明確な土器は見いだせていな
いが 1-1 期隆線文では北林 C 遺跡や田沢遺跡で 1 個体、1-2 期は屋
敷田 III 遺跡で 20 個体、2-1 期本ノ木遺跡範囲確認調査の口縁部片
で 23 個体、2-2 期多縄紋土器は室谷洞窟で 109 個体である。中部
地方では、0 期は日向林 B 遺跡など 1 個体、1-1 期は貫ノ木遺跡の
隆線文土器が 1 地点に 1 個体だが、星光山荘遺跡では口縁部片で
30 個体近くが推定される例もある。1-2 期では宮ノ前遺跡 15 層で
口縁部片から 6 個体、2-1 期では仲町遺跡の爪形紋・円孔文土器が
口縁部で 4 個体、2-2 期ではお宮の森裏遺跡で表裏縄紋・爪形紋が
口縁部片から 124 個体と推定される。東海では 0 期の遺跡は認めら
れていないが 1-1 期では宮西遺跡（愛知大学と田原市調査分を合
算）で隆帯文古期と思われる 5 個体、1-2 期は葛原沢 IV 遺跡埋没
谷 B 出土の隆帯文新期（葛原沢式）7 個体、2-1 期押圧縄紋期では
大鹿窪遺跡で口縁部片から 144 個体が推定され、2-2 期には仲道遺
跡で口縁部片から 64 個体が推定される。近畿・中四国では遺跡数
が相対的に少ないが、1-1 期では上黒岩岩陰 8・9 層に隆線文土器 9
個体、1-2 期では穴神洞 8 層に微隆線文土器 1 個体、2-1 期では相
谷熊原遺跡で口縁部片から無紋土器 36 個体、2-2 期は上黒岩遺跡 6
層無紋土器が 8 個体である。北九州では、1-1 期隆線文土器が福井

洞穴3層では1個体、泉福寺洞穴10層では口縁部片で36個体が推定されるが豆粒紋などがあり、0期からの複数時期にまたがる可能性がある。1-2期は泉福寺6層に4個体、2-1期は泉福寺5層に8個体、2-2期は大原D遺跡で円孔文・刺突紋土器など73個体である。南九州は他地域の状況とやや異なり、0期は横井竹ノ山遺跡で3個体、加治屋園遺跡で1個体、1-1期では狸谷遺跡で1個体、伊敷遺跡や三角山I遺跡の古段階と思われ得る土器はせいぜい数個体～10個体程度であるが、1-2期の隆帯文土器では、奥ノ仁田遺跡で口縁部片から103個体、鬼ヶ野遺跡口縁部片で1033個体、掃除山遺跡口縁部片で40個体など、住居をともなう遺跡などで多量の土器保有量がみられる。2-1期には建昌城跡で39個体、阿蘇原上遺跡の爪形紋土器で口縁部片から11個体などで1-2期隆帯文土器の特異性が目立つ。総じて、南九州を除くと0期は多くは1個体、1-1期は1～5個体、1-2期は10個体程度、2期には数十個体が出土するようになり、時期が下るにつれて個体数が増す傾向が認められる。ただし、南九州の1-2期の隆帯文期は100個体に及ぶ可能性がある集落が散見され、土器量が多いことが特筆される。

4. 居住と住居状遺構

　居住施設については、神奈川県田名向原遺跡など旧石器時代からテント状の平地住居が知られているが、基本的には旧石器時代に地面を改変して居住施設を一定程度の恒久的施設として構築することはない。一定の地点に数季節、数年程度の定着を前提とするからこそ、竪穴住居のように地面を改変し、周辺の木材を伐採して構築す

るコストをかけるものと評価できる。狩猟中心の生業活動から植物質食料獲得に生業面での活動域がひろがり、同時に土器や石皿・台石など大型の植物加工用の器物を装備することは移動性を減じ、一定の地域に滞在する期間を長くすることと表裏の関係である。さらには、竪穴住居に一定の人間と住むことにより、家族の形が固定されたとも考える。このように、竪穴住居の出現は大きな歴史的意義を有する。

　関東地方では、旧石器晩期にあたる一時的温暖期前の約 16000 年前に、東京都前田耕地遺跡などで、竪穴住居とはいえないが炉を備えた住居状施設が構築され、その後に神奈川県 SFC 遺跡 II 区例など草創期隆線文土器にともなう、わずかにほりくぼめた居住施設が出現し、すぐに神奈川県花見山遺跡など竪穴状の施設が構築されるようになる（図17）。しかしながら、1-2 期までは 1 地点に 1 軒程度の住居が構築されるだけで、集団規模は小さいことが見てとれる。このことは、前節でみた土器量が少ないこととも合致している。

　南九州では旧石器～縄文草創期の居住の痕跡と考えられる遺構が複数遺跡で報告されているが、初期定住の評価については遺構としての確実性について検討する必要がある上に、複数遺構の時間的な関係性について検討を重ねる必要があり、かつそのコンテクストの難しさ（遺構の同時存在の可能性や、居住施設と考えるべきかどうかの評価、利用される時間の評価など）が先行研究のなかでも指摘されている（宮田 2000 など）。しかしながら、南九州では、隆帯文土器にともなって、複数の竪穴住居・煙道付き炉穴から構成される集落遺跡が、1-1 期にはじまり 1-2 期隆帯文土器新期には確実に展開している。おそらくは岩陰居住から台地上への居住地選択の変

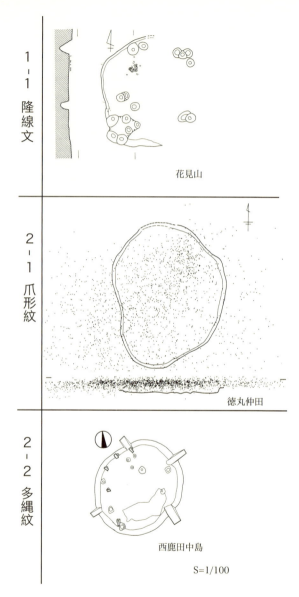

図17 縄文草創期の住居

第3章　日本列島における土器のはじまり　71

表2　縄文草創期住居の時期別地域別の数量と規模

軒数と炉がある割合

	軒数合計	東北	関東中部	西日本	九州	炉あり
0 期無文	6	1	5			4（67%）
1-1 期隆線	6		6			2（33%）
1-2 期隆帯	30		2	1	27	7（23%）
2-1 期押圧・爪形	25	6	14	5		0（ 0%）
2-2 期多縄	38	4	29		5	7（18%）

深さ

	0 cm	-10 cm	-20 cm	-30 cm	-40 cm	-50 cm	-50 cm〜
0 期無文	3	1		1		1	
1-1 期隆線		5	1				
1-2 期隆帯	1	2	14	8	2	3	
2-1 期押圧・爪形			7	6	3	2	5
2-2 期多縄			5	12	3	2	6

長軸

	-2 m	-3 m	-4 m	-5 m	-6 m	-7 m	-8 m	-8.1 m〜
0 期無文			2	3	1			
1-1 期隆線		1	4			1		
1-2 期隆帯	1	11	6	8	4			
2-1 期押圧・爪形	5	6	3	5	1	3	1	1
2-2 期多縄		4	9	13	7	2		

化とも関連があるであろう。

　このような定住的な居住施設の確立についてみていくと、表2に
示すように、東日本において無紋土器にともなう住居状遺構が出現
した後、1-2期には各地に竪穴化した住居施設がひろがり、爪形
紋・押圧縄紋期の2期には多くの住居が構築されるようになること

が見てとれる。さらに、竪穴住居の深さ（0cm は平地式住居）と
長径を時期ごとにみていくと、明らかに時期が下るにつれて掘り込
みの深さが深くなっていく。また、大きさは、ある程度ばらつきが
あるものの総じて 3〜5m の大きさが一般的であるが、2-1 期にいっ
たん小型化（2〜3m 程度）した竪穴が増加することが読みとれ
る。すなわち、13000〜11500 年前にあたる、いったん寒冷化する
ヤンガードリアス小氷期に竪穴住居は 20〜30cm 以上と深くなる
とともに 3m 程度の小型住居が多くなっている。これは寒冷化に
ともなう適応である可能性が高いであろう。

　縄文草創期における竪穴住居の定立については、これまでに筆者
も指摘してきた（小林 2012 など）。一方で、住居施設としての要
件である、炉、柱穴については、必ずしも画一的に備わっていると
は言いがたい様相が認められる。炉については、表 2 にみるように
列島全体でみると 0 期には 2/3 の住居がなんらかの炉施設を有する
が、1-1 期には 3 割、1-2 期には 23% 程度に落ち込み、2-1 期には
炉が認められない。ただし 2-2 期に至って 18% の住居に炉が認め
られるが、多くは簡単な掘り込みが中央に認められるなど明確な炉
施設ではない。なお、0 期に炉をもつ住居の割合が多いのは、掘り
込みがない住居施設であることから、逆に炉がないと住居と確認で
きないために結果的に炉をもつ住居の割合が増えている可能性もあ
る。縄文草創期後半期には遺跡によっては炉がない住居がほとんど
を占める遺跡もあれば、炉をもつ住居と炉のない住居が半ばする遺
跡もある。縄文草創期さらには撚糸紋期など縄文早期前半までを通
じて住居内に認められるのは炭化物集中や石が配された簡単な炉で
あって、むしろ南九州では屋外炉としての煙道付き炉穴が発達し、

隆帯文土器とともに本州島の太平洋岸にひろがっている可能性が認められる。柱穴についても同様で、少なくとも画一的な柱穴配置などは確認できず、住居外縁に柱穴がめぐるもの、住居内に柱穴が不規則に並ぶものなど、定型的な住居形態があるとは言いがたい。縄文草創期の居住活動の内容を明確にしていくためには、今後とも住居状遺構例の増加を待ちつつ、個別の住居例について、壁・炉・床・柱穴などの構成要素を把握し、かつ出土遺物の内容と分布状態を検討していく必要がある。その際には、岩陰居住や、住居状遺構が認められなかった台地上での遺物集中ブロックとの比較も欠かせないであろう。

5. 石器組成の変化

図18は時期別、地域別の主要石器の保有量を概略的に示したものである。細石刃・細石核を「細石」、削器・掻器を「削掻」、槍先形尖頭器を「尖頭」、有舌尖頭器を「有舌」、石鏃を「石鏃」、有溝砥石を「矢柄」、打製石斧・磨製石斧を「石斧」、磨石・敲石・凹石を「磨石」、台石・石皿を「台石」とし、各時期・地域の主要遺跡について10点以上認められる石器を「多」、5点以上認められる場合を「やや多」、2点以上の場合を「やや少」、1点のみの場合を「少」として網がけして図示した。縦に時期を配するが、北海道・東北・関東・北陸・中部・東海・近畿中四国・北九州・南九州と地域を分けて、前述の時期順に示した。

列島各地に拡がった細石刃は九州においてはその後も長く残るが、東日本では大型尖頭器や石斧に代表される神子柴・長者久保段

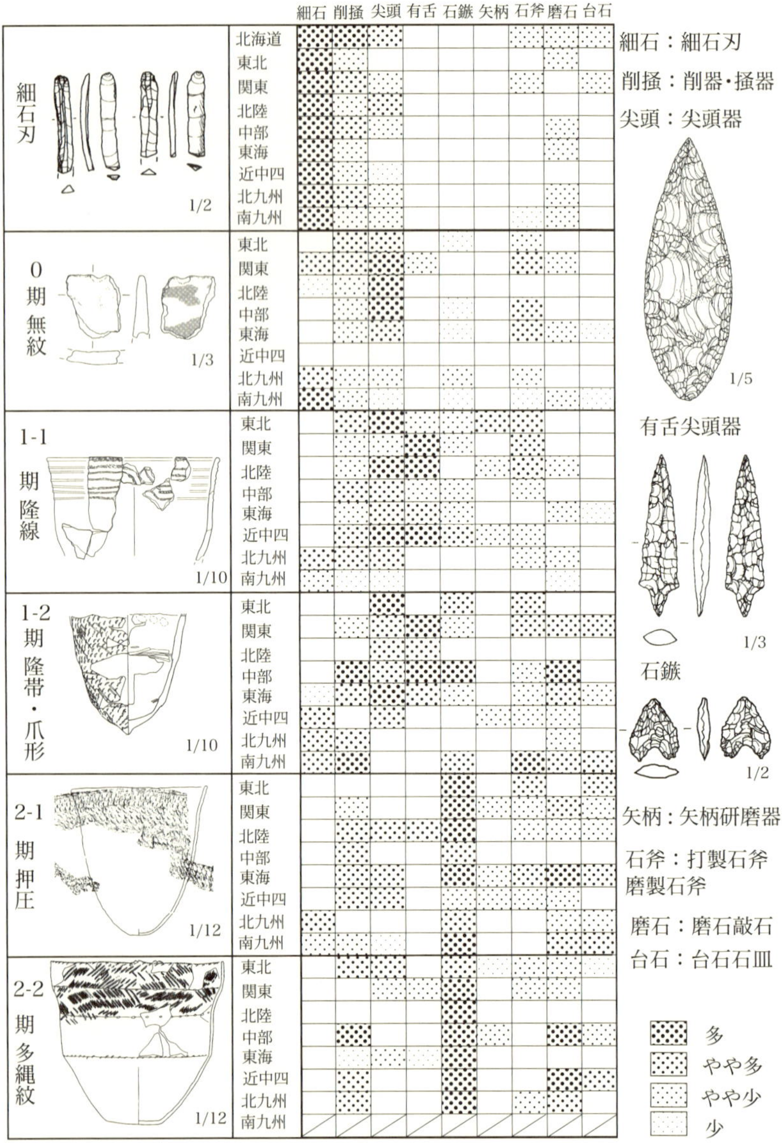
細石 削掻 尖頭 有舌 石鏃 矢柄 石斧 磨石 台石
細石刃
1/2
北海道
東北
関東
北陸
中部
東海
近中四
北九州
南九州
0
期
無紋
1/3
1-1
期
隆線
1/10
1-2
期
隆帯・爪形
1/10
2-1
期
押圧
1/12
2-2
期
多縄紋
1/12
細石：細石刃
削掻：削器・掻器
尖頭：尖頭器
1/5
有舌尖頭器
1/3
石鏃
1/2
矢柄：矢柄研磨器
石斧：打製石斧
磨製石斧
磨石：磨石敲石
台石：台石石皿
多
やや多
やや少
少

図18　石器組成の変化

階となり、旧石器文化の中で無紋土器が出現する。1-1期に各地で有舌尖頭器・石鏃が出現し、1-2期には中型獣を狩猟するための石鏃が多数装備されるようになるとともに、磨石・台石類が増加し、植物質食料利用の増加が認められる。

6. 展望と課題

縄紋時代のはじまりはいつか、という議論には現在のところ様々な意見がある（図19）。最も一般的な意見は、土器の初現——すなわち現在のところは大平山元Ⅰ遺跡とそれに並行する神子柴・長者久保の石器文化の段階——をもって「縄文時代」とする小林達雄（1996）の意見である。しかし、共伴する石器文化は明らかに晩期

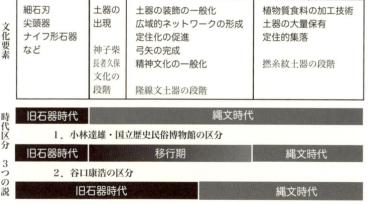

図19 時代区分の基準

旧石器時代の産物であり、かつ出現期の土器は列島全体でも少数に過ぎず、同時期のほとんどの遺跡に土器は認められない。また、それらの土器には文様もなく、定型的な形も認めがたい。すなわち、旧石器時代の文化のなかに、先行的に土器が出現したとみることも可能である。さらに土器の発生という点に限れば、焼成粘土塊や生焼け状の土製容器を含め、土器という器物自体はさらに遡る可能性が高く、縄文時代の底（はじまりの時期）をその観点からは決定できない。

　一方、谷口康浩（2011）は、石皿・磨石という植物質食料加工技術が卓越し、土器の多量保有や明確な集落が現れて定住的な生活が明らかとなる縄文早期撚糸紋土器段階からを縄文時代とするべきと主張している。しかし、縄文文化に連続する縄文草創期段階の位置づけが不明確となってしまう。

　筆者は、縄文時代草創期すなわち縄文文化のはじまりの画期として、日常的に装備される通常の道具としての土器が列島全体に広まった隆線文土器の成立をもって考えるべきと論じた。すでに林謙作が、系統と地域差が捉えられる隆線文（隆起線紋）土器が縄文土器のはじまりであるとの意見を述べている。筆者は、その後の縄文時代を特徴づける下記のような文化要素を合わせ、縄文文化のはじまりを規定したい。

　① 広域的な土器型式ネットワークの形成
　② 住居状遺構の構築と岩陰・洞穴居住にみられる定住化の促進
　③ 有舌（茎）尖頭器・石鏃・矢柄研磨器にみる弓矢技術の完成
　④ 線刻礫（石偶）・土偶に代表される精神遺物の一般化
　①については、15500〜14000年前に盛行する隆線文土器が、ほ

第3章　日本列島における土器のはじまり　77

ぼすべての集団が保有し、かつ地域ごとに文様スタイルを共有しつつ広域に共有情報をもつという、その後の縄文土器型式のネットワークを完成させていることが注目される。②についてはシェルター的な居住施設は後期旧石器時代に認められるが、竪穴化または柱穴や炉の存在が一般化することで定型化していき、縄文草創期後半のヤンガードリアス期に対比される寒冷期の竪穴住居につながる系譜をもつ隆線文段階の居住施設が重要である。③については、石鏃の一般化として弓矢が確実に装備されるのは縄文草創期後半であるが、上黒岩9層など隆起線文段階に有舌尖頭器とともに石鏃が用いられていることは明確となった。④の精神文化としても、旧石器時代のヴィーナスとの関係はまだ不確定だが、上黒岩9層の石偶は縄文草創期後半の粥見井尻遺跡や相谷熊原遺跡の土偶につながっていくものと考えられる。

　土器の出現と普及は、環境が大きく変化する時期における適応手段のひとつとして捉えられる。その後の列島における土器文化のルーツとなり、重要な意味をもつ。しかし、単位土器が出現したことのみで、文化史的画期とすることはできない。土器の普及、定住化、生業の変化などを総合的に考える必要がある。隆起線文段階にその後の1万3千年以上続く縄文文化の基盤が成立していると考えれば、縄文時代のはじまりをそこに求めることも可能である。いうまでもなく、さらに様々な文化要素の出現状況や環境変化との関係を追究し、土器の発生、土器の一般化のどの段階に縄文時代のはじまりという時代画期を求めるのか、よりいっそう議論を深めていく必要がある。

（小林謙一）

コラム3

土器付着物の炭素14年代測定

　土器に付着した炭化物は、私たちに様々な情報をもたらしてくれる。内容物のコゲや燃料材に由来するススは、土器が加熱調理に用いられていたことを物語る。日本列島最古の例とされる青森県大平山元Ⅰ遺跡出土の土器片には、すでに炭化物が付着していた。土器はそのはじまりから煮炊きに使われていて、およそ1万6千年前とされる年代は、その炭化物の炭素14年代測定で得られた結果である。

　土器の使用にともなって付着した炭化物が、土器の使用年代を示すことは容易に想像できる。炭化物は多くの量を採取できないのが普通だが、加速器質量分析装置による炭素14年代法（AMS-^{14}C法）は、ごくわずかな試料量での年代測定を可能にし、今では1mgを下回る炭素量でも測定できるようになった。ただし、炭素14年代測定に先立って行われる洗浄処理（酸・アルカリ・酸処理）により、土器付着炭化物などの試料は元あった量の10分の1以下に減少することもある。また、土器の胎土や鉱物質が試料に混在すると、炭素14年代測定の結果に影響を及ぼす恐れがある。炭化物に含まれる炭素の濃度は通常、重量比にして40%から60%程度だが、鉱物が含まれると濃度が相対的に低くなる。比重の異なる土器付着物と鉱物を分けるには、重い比重をもつ液体に試料を投じて両者を分離する、重液分離という方法が用いられる。そのため、微量とはいえ、炭素14年代測定にはそれなりの量の土器付着炭化物が必要になる。

　さて、土器付着炭化物の年代は本当に土器の使用年代といえるだろうか。採取・狩猟から数十年以上経過した食材を利用するのは少々考えにくい。土器自身も、おそらくそう何回も繰り返し用いられることはない

だろう。燃料材に古木や大径木の内側の部分が用いられていれば、スス の炭素14年代は土器の使用年代よりも古くなるかもしれない。しかし ながら多くの場合、土器付着炭化物の年代は土器型式の順序を覆すこと はなく、また同じ型式の土器に付着した炭化物はほぼ同じ年代を示す。 このことは、古木等による炭素14年代の攪乱がほとんどないことの傍 証になる。

　食材に魚介や海獣などが用いられた場合はどうだろうか。地球にとっ て、海洋は炭素の大きな容れ物（リザーバー）である。海水は長い年月 をかけて海洋を循環していて、大気から海水に溶け込んだ二酸化炭素に 含まれる炭素14は、その間に壊変して減少する。そのため、海洋生物 は同じ時期に生息した陸上生物よりも炭素14濃度が低い、すなわち古 い炭素14年代を示すことになる。これを「海洋リザーバー効果」とい う。

　実際に、土器付着炭化物の炭素14年代が土器型式などから想定され る年代よりも古い値を示す例は少なくない。しかしながら、それが海洋 リザーバー効果の影響であるかを識別するためには、炭素・窒素の分析 が有効である。

　自然界には放射性で不安定な炭素14以外に、炭素12、炭素13とい う安定した同位体が存在する。土器付着炭化物について炭素12と炭素 13の比（$\delta^{13}C$値）を測定すると、一般的な陸上植物の値よりもやや大 きな値を示す試料がみられる。また、海洋資源が魚介や海獣など動物質 に由来すれば、セルロースを主成分とする植物質に比べタンパク質由来 の窒素が多く含まれる。炭素と窒素の濃度比（C/N比）を測定すると、 $\delta^{13}C$値の大きな土器付着炭化物には値が低い、つまり窒素が多い傾向が あり、そのような試料は海洋リザーバー効果の影響により炭素14年代 が古い方向にずれていることが多い。

　加えて、窒素の安定同位体の比（窒素14と窒素15の比：$\delta^{15}N$値） は生物の栄養段階を反映し、食物連鎖で上位に位置するほど大きくな る。海洋生物は陸上生物よりも食物連鎖が長く複雑なため、より大きな

コラム3　土器付着物の炭素14年代測定　81

$δ^{15}N$値を示すことになる。このような指標を用いて土器付着炭化物における海洋資源の割合を推定する試みも行われている。

なお、アワ・ヒエなどの雑穀類は特別な光合成を行うC_4植物で、その$δ^{13}C$値は一般的な陸上植物（C_3植物）よりも明らかに大きな値を示す。土器付着炭化物のなかに大きな$δ^{13}C$値を示すものがあれば、炭素14年代測定により雑穀が加熱調理に用いられていた年代を知ることができる。人々がいつ、どのようなものを食べていたのか、土器付着炭化物がその手がかりをもたらしてくれる。

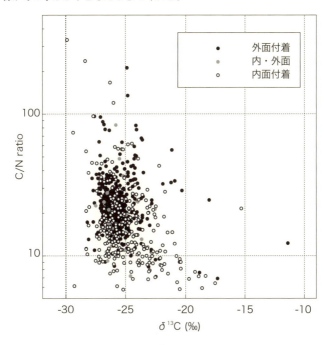

図20　土器付着炭化物の$δ^{13}C$値と炭素・窒素比。-20‰前後に分布する試料には海洋リザーバー効果の影響を受けているものが多い。

（坂本　稔）

第4章　土器付着物でわかる年代と食生活

　先史時代の人が何を食べ、どのような生活を過ごしていたのかというテーマは、考古学者ならずとも興味をひかれる関心事である。従来このテーマを考えるために、動植物遺存体の出土情報や、人骨のコラーゲン分析等が用いられてきた。これらの分析は、主に人骨や動植物遺存体が多く出土する低湿地遺跡や貝塚等で実施されており、それ以外の遺跡では食性の議論を行うことは難しかった。近年、新たな科学分析の進展により、土器の内面に付着したお焦げから内容物を推測することが可能になってきた。土器の付着物には、炭素や窒素、残存脂質が含まれており、その同位体比等から内容物を推定することができるのである。お焦げが付着した土器は、どの遺跡でも出土することが多いため、食性を考える機会が大幅に増えてきた。

　土器付着物の分析で最も興味深い課題は、土器が発明された当初、何を煮炊きしていたかということである。土器の発明は、日本の縄文時代（大陸側では新石器時代）開始の契機であり、東アジア社会全体にとって画期的な出来事であった。それまでの生業を大きく変化させ、縄文文化の形成にも大きく寄与したと考えられている。最古段階の土器が何を調理したのかについては諸説ある。例えば、ドングリ等の堅果類や植物性食料のアク抜き、魚の調理、貝類

の処理、接着剤としてのニカワや油製造等が考えられるが、未解明
である。

　本章では、主に東北アジア地域の土器出現期に関して、新たな分
析法による最新成果を紹介して、先史時代の食性についてひもとい
てみたい。また、縄文時代、弥生時代等の各時代に関しても比較検
討し、土器付着物から日本列島の通時的な食性を概観する。

1.　東北アジア地域の土器出現期の年代

（1）中国における土器出現期

　土器付着物の分析を紹介する前に、東北アジア地域の土器出現期
について簡単に概観しておきたい。本書の第2章（東北アジア）お
よび第3章（日本列島）、第6章（総括）もあわせてご参照いただ
きたい。なお、本章で扱う「年前」は、放射性炭素年代値（BP）
を暦年較正した年代値（cal BP）のことである。

　東北アジアにおける土器出現期は、近年多くの発掘成果や自然科
学分析のデータが公表され、以前より具体的な様相が解明されつつ
ある。現在、約10000年を遡る土器が出土している遺跡は、中国南
部、中国北部、ザバイカル、アムール川中・下流域、日本列島、西
アフリカ等に分布している。ロシア沿海地方、朝鮮半島、サハリン
では今のところ確実な事例は報告されていない。これら出現期の土
器は、中国南部の年代が最古であることを根拠に、南から北へ伝わ
ったと推定する考えがある（Cohen 2013 等）が、中国南部と北部
とでは年代のギャップが大きく、その関連性は未だ不明な部分が多
い。中国南部からの単一起源より同時期に他地域で発生した環境適

応とする説が有力になりつつある。

日本列島における土器の初現は、大平山元Ⅰ遺跡（青森県外ヶ浜町）であり、その年代は約15000年を遡ることが知られてきた。北海道ではそれよりも少し新しく大正3遺跡（北海道帯広市）で約14000～13000年前（海洋リザーバー効果の影響を考慮）の年代値が得られている（Kunikita et al. 2013）。大正3遺跡の出土土器は、装飾に爪形の刺突文様が多用されたもので、一般的に爪形文土器とよばれている。また、この遺跡は土器や石器のタイプから、本州系統の文化を担う集団によって残されたのではないかと推測されている。長らく大平山元Ⅰ遺跡の年代は世界最古として取り上げられてきたが、2012年に仙人洞窟（江西省）で約20000～19000年前とされる土器が報告された。その他にも玉蟾岩洞窟（湖南省）で約18000～14000年前の土器出土例が知られており、現在では中国南部が土器の最も古い出現地域として注目されている。

中国北部でも新しい発掘成果が公表されている。華北北部地域では、これまで于家溝遺跡や南荘頭遺跡（河北省）等が知られており、晩氷期末の新ドリアス期相当の時期に土器が出現したと考えられる（大貫 2015等）。于家溝遺跡からは平底土器が出土しており、熱ルミネッセンス年代から約11700年前と推定されている。熱ルミネッセンスは、土器内部の鉱物に熱を加えた時にみられる発光現象で、この発光量から年代を測定することができる。南荘頭遺跡は、于家溝遺跡とほぼ同時期かやや新しい炭素14年代値が得られている。年代値に幅があるため、時期を評価するのは難しいが、約12000年前以降と推測される。また、霊井遺跡や李家溝遺跡（河南省）でも出現期の土器が出土している。霊井遺跡では、現状で、土

器付着物および胎土の年代が約 11000～8600 年前であり、11000 年前を大幅に遡る可能性は低いと考えられている（Li *et al.* 2017）。一方で、中国東北部でも近年、土器出現期の遺跡が発見されている。後套木嘎遺跡（吉林省）の最下層は約 12800～11200 年前、双塔遺跡（吉林省）は約 10800～7900 年前であることがわかった（Kunikita *et al.* 2017a）。このほかに、扁扁洞遺跡（山東省）でも報告例がある。扁扁洞遺跡では、人骨の年代が約 9800～9500 年前で得られており、後続すると考えられる後李文化との関係が注目されている。また、桃山遺跡（黒龍江省）の第 3 層から小破片の土器が確認されており、同層の木炭で約 15000～14000 年前の年代値が報告されている。ただし、土器が小破片であり、石器群や文化層との帰属が必ずしも明確ではないため、今後の発掘調査や分析の成果が待たれる。

　今のところ、中国北部では、後套木嘎遺跡の約 12800～11200 年前の年代が最も古く、この年代値は後述するアムール川流域のオシポフカ文化等の年代と並行関係にある。中国南部の仙人洞窟や玉蟾岩洞窟とは年代の隔たりが大きく、今後約 18000～13000 年前の土器文化の探求や、石器群等の比較検討が重要になってくる。

（2）アムール川流域における土器出現期

　アムール川下流域は、ソ連崩壊後から日本の多くの研究機関とハバロフスク郷土誌博物館との連携による共同研究が続けられてきた。土器出現期では、オシポフカ文化の研究が著名である。オシポフカ文化の土器は、以前は縄文土器文化起源論にもとづき、日本の縄文時代草創期との関係が議論されたが、最近では後述するザバイ

カル地域も含め、多元的に捉えられることが多い。オシポフカ文化は現状で、アムール川下流域南西部のガーシャ遺跡からゴンチャルカ1遺跡まで分布が確認されており、川下流域北東部（河口部）には分布しない。同文化の年代は、約15500〜11000年前と想定され、日本の縄文時代草創期とほぼ同時期にあたる。ただし、土器付着物や出土木炭の年代値の多くは、約14000年を大幅に遡ることはなく、縄文時代草創期の隆線文土器段階前半に並行する時期は含まれないのかもしれない。

　オシポフカ文化に後続する文化は長らく確認されていなかったが、2009・2011年にヤミフタ遺跡の日露共同調査が実施され、新たな資料が報告された（福田ほか編 2014）。報告書では、第III文化層出土の無文および条痕文土器をヤミフタ式と定義している。同型式は、オシポフカ文化と同様の特徴を有しており、既知のコンドン文化（中期新石器時代）とは直接的な関連性は認められないとされる。筆者らの分析では、木炭と土器付着物の年代に相違がみられたが、約10600〜8700年前の年代範囲と考えられる。ヤミフタ文化に後続する文化は、近年クニャゼボルコンスコエ1遺跡、マラヤガバニ遺跡等で研究が進展したコンドン文化が知られ、その開始年代は約8400年前になる（福田ほか編 2011）。

　アムール川中流域では、グロマトゥーハ遺跡や新たにチェルニゴフカ・ナ・ゼー遺跡で出現期の土器が確認されている（内田 2015）。グロマトゥーハ遺跡は、1960年代に調査が実施され、その後再発掘調査や露韓共同調査が実施されている。文化層は1〜4層に分けられ、主に2・3層から、出現期の土器と考えられる絡条体（回転・側面圧痕）、条痕、回転縄文、櫛歯文、沈線文、無文土器が確

認されている。絡条体は、植物質の軸に撚糸を巻きつけた道具である。また、出現期の土器以外にも、マリシェボ文化やボイスマン文化の土器群（平底の櫛歯文）、東シベリアのベリカチ文化（丸底の撚糸文土器）等の中期新石器時代が混在して出土している。そこで、筆者らは土器型式の年代的位置づけを整理するため、土器付着物の年代測定を共同調査として実施した。その結果、グロマトゥーハ遺跡の出現期段階の土器は、絡条体圧痕文（約15000～10500年前）、櫛歯文（約11200～10600年前）、沈線文（約10700～10200年前）となった。特に絡条体圧痕文をもつ一群は古く、文化層の年代と対比すると本来3層に帰属する可能性が高く、これらがグロマトゥーハ文化を特徴づける主体と推測できる。

　グロマトゥーハ文化に後続する文化として、ノヴォペトロフカ文化がある。同文化は、隆帯文や無文土器が主体である。2003・2004年調査のノヴォペトロフカⅢ遺跡で調査区の木炭の年代が約8800年前で得られており、筆者らの土器付着物の分析でも、約9500～8900年前の結果であった。グロマトゥーハ文化とノヴォペトロフカ文化は一部重複する可能性は残るが、約10000年前を境に前者が古く後者が新しいと整理できる。グロマトゥーハ文化は、アムール川下流域のオシポフカ文化と並行し、ノヴォペトロフカ文化はヤミフタ文化と同時期と考えられる。

（3）ザバイカル地域における土器出現期

　ザバイカル地域も学史上早くから、出現期の土器に関する議論が行われてきた。本章でのザバイカルは、バイカル湖周辺地域をさし、現在の行政区分であるザバイカリエ地方、ブリヤート共和国、

イルクーツク州等の範囲と捉えておく。同地域での土器出現は、現状でバイカル湖以東と以西に分けて議論する必要がある。以東では、多くの土器出現期の遺跡があるのに対して、以西では未だ確認されていない。

バイカル湖以東では、ビチム川流域のウスチ・カレンガ遺跡群、チコイ川流域のストゥディノエ1遺跡やウスチ・メンザ1遺跡等が著名である。後者の2遺跡では、筆者らが土器付着物の分析を実施し、約14000～13300年前の年代値が得られた。ウスチ・カレンガ12遺跡では、第7文化層および炉跡の炭化物の年代が約14200～12600年前で報告されている。第7文化層では、外面に横位帯状に直線または弓形の櫛歯文が施文された尖底土器が出土している。このほかにウスチ・キャフタ遺跡、最近報告されたクラスナヤ・ゴルカ遺跡等がある。後者は土器付着物で約9400年前の年代値が報告されているが、最近の分析では約14000～12800年前の値も測定されている。

バイカル湖以西は、いわゆる「バイカル編年」として日本でもたびたび取り上げられてきた地域である（小畑 2001 等）。当該地域周辺では、後期旧石器時代から新石器時代の間に、中石器時代を設定しているため、新石器時代への変化を単純に土器の有無だけで決定できない状況にある。最近の研究では、中石器時代後期（約8800～8000年前）、新石器時代前期（約8000～7000/6800年前）、新石器時代中期（約7000/6800～6000/5800年前）、新石器時代後期（約6000/5800～5200年前）に時期区分している（Weber *et al.* 2016）。この研究は、遺跡出土の人骨（256データ）に関して、バイカル湖等の淡水リザーバー効果を評価して年代を議論している。

非常に緻密な研究として評価できる一方、墓の副葬品資料を基準として時期認定をしているため、土器を副葬しない文化時期では土器編年との整合性が理解しづらい。年代のみの関係では、新石器時代前期のキトイ文化の墓群と、ガレリィ・リェス遺跡の第6文化層等で出土している網目文やハイティンスクタイプの土器文化が並行関係にある。近年では、ガレリィ・リェス遺跡、ウスチ・ハイタ遺跡、ブグリデイカ2遺跡等の年代値が層序ごとに整理されており年代観を把握しやすい。これらの研究成果を概観した限りでは、バイカル湖以西で現在最も古い土器は、網目文やハイティンスクタイプの土器であり、その年代は約8000～7000年前と考えられる。両者は、いくつかの遺跡で同時併存が確認されており、その系統や製作技法等に関して議論が続いている。今後、土器付着物の年代を検討していく必要がある。一部で約8000年前を遡る動物骨の年代値が報告されている遺跡もあるため、研究の進展を注視していきたい。

（4）その他の地域および年代値の整理

　中国、アムール川流域、ザバイカル地域と概観してきたが、朝鮮半島、サハリン、沿海地方も簡単にふれておきたい。前述したとおり、これらの地域は今のところ土器出現期の遺跡は確認されていない。今後発見される可能性もあるため、現状を確認しておきたい。

　朝鮮半島では済州島の高山里遺跡（済州市）が半島南部の最古段階の土器として評価されている。高山里式土器は繊維土器であり、その年代は、以前は約11000年前を遡ると想定されていたが、最近の年代値は約9700～9200年前にまとまっている。半島側では、新石器時代移行期として打製両面調整石鏃がわずかにともなう無土器

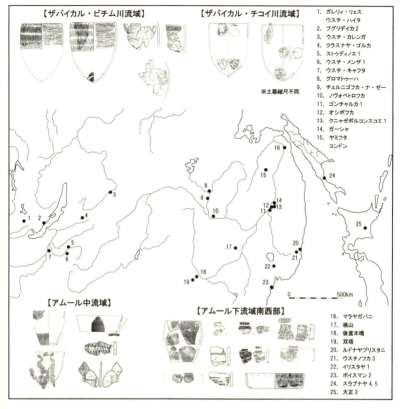

図21 本章で扱う東北アジア地域の土器出現期の遺跡（内田 2015 を改変）

希石鏃石器群の段階があるが、それに後続する土器文化が未解明である。

サハリンは、アムール川下流域のオシポフカ文化の分布圏外で、異なる文化系統をもつ可能性が指摘されている。ただし、土器をともなうかどうかは不明である。現状で最も古い土器は、スラブナヤ

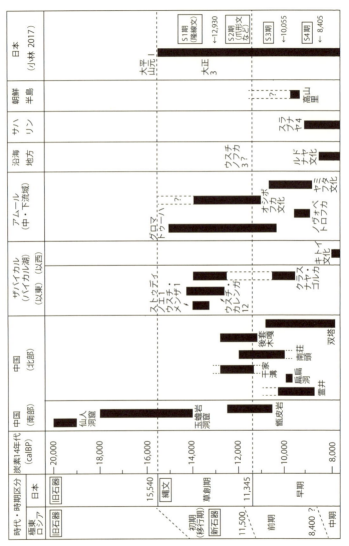

図22 東北アジア地域における編年表（國木田 2019 を改変）

郵 便 は が き

料金受取人払郵便

麹町局承認

760

差出有効期限
2021年5月
16日まで

102-8790

204

東京都千代田区飯田橋4-4-8
東京中央ビル406

株式会社 同 成 社

読者カード係 行

ご購読ありがとうございます。このハガキをお送りくださった方には
今後小社の出版案内を差し上げます。また、出版案内の送付を希望さ
れない場合は右記□欄にチェックを入れてご返送ください。　□

ふりがな

お名前　　　　　　　　　　　　　　　　　歳　　　男・女

〒　　　　　　　　　TEL

ご住所

ご職業

お読みになっている新聞・雑誌名

〔新聞名〕　　　　　　　　　〔雑誌名〕

お買上げ書店名

〔市町村〕　　　　　　　　　〔書店名〕

愛 読 者 カ ー ド

お買上の
タイトル

本書の出版を何でお知りになりましたか?

　イ. 書店で　　　　　ロ. 新聞・雑誌の広告で (誌名　　　　　　　　)

　ハ. 人に勧められて　ニ. 書評・紹介記事をみて (誌名　　　　　　　　)

　ホ. その他 (　　　　　　　　　　　　　　　　　　　　　　　　　　　)

この本についてのご感想・ご意見をお書き下さい。

注 文 書　　　　年　　月　　日

書　　名	税込価格	冊　数

★お支払いは着払いでお願します。また、ご注文金額 (税込) が1万円未満のときは荷造送料として410円をご負担いただき、1万円以上は無料になります。なお荷造送料は変更する場合がございます。

4・5遺跡から出土しており、条痕もしくは無文土器である。スラブナヤ4遺跡からはホタテ貝背圧痕文を有する資料が出土しており、北海道のテンネル・暁式との共通性が指摘されている。同遺跡の土器付着物の年代は海洋リザーバー効果の影響もあることから評価が難しいが、約9000年前以降と想定される。年代的には、スラブナヤ4段階→スラブナヤ5・第2群→スラブナヤ5・第1群（宗仁式に比定）と変遷する。宗仁式の上限年代も、同じく判断が難しいが、約7400年前の可能性が高い。

　沿海地方は、ウスチノフカ3遺跡やイリスタヤ1遺跡等において出現期の土器の可能性が指摘されてきたが、現在では疑問視されている。現状で最も古い土器は、ルドナヤプリスタニ遺跡に代表されるルドナヤ文化で出土しており、その年代は約8500年前以降と考えられている（國木田ほか 2011参照）。ルドナヤ文化に後続もしくは一部並行する文化として、ボイスマン文化が知られている。ボイスマン文化は、ボイスマン2遺跡の研究から、プロトボイスマン期、ボイスマン1〜5期の6期に分類されている。最も古いプロトボイスマン期は約7700年前以降と考えられる（Kunikita *et al.* 2017b）。

　東北アジア地域の土器出現期の年代に関して概観してきたが、この時期は世界的にも研究者の注目度が高く、多くの国際ジャーナルで議論が続いている。各文化や遺跡の年代を解明することは、気候変動等の古環境や生業変遷との対比で非常に重要になる。特に、土器出現期ではベーリング期やアレレード期の温暖期や新ドリアス期の寒冷期、新石器時代では約8200年前の寒冷イベントとの関連が注目されている。その一方で、出現期以降、特に約11500〜8500年

前は日本以外のどの地域も遺跡が乏しく、新石器化のプロセスを詳細に把握できる地域は少ない。今後は、日中露の共同調査も含めて、この時期の遺跡探索が重要であり、出土遺物と年代を総合的に検討可能な資料の蓄積が急務といえる。東北アジアの各地域における新石器化のプロセスが解明されれば、縄文文化の独自性を議論する新たな契機としても重要になるだろう。

2. 土器付着物の自然科学分析

（1）土器付着物の炭素 14 年代測定

　前節で紹介した年代は、主に木炭や、土器に付着したお焦げや煤等の炭化物を科学分析して決められている。本節では、土器付着物に関連する科学分析の研究史や分析事例を簡単にみてみたい。

　文書等の記録がない先史時代では、炭素 14 年代測定法を用いて年代を検討することが多い。この方法は、一定の時間で崩壊する放射性炭素を時計として利用したものであり、約 6 万年前まで測定可能とされている。原理的には、炭素を含んだ資料であれば分析を行うことができ、木片・木炭・泥炭、貝類、骨・歯・髪の毛、布・紙、水・氷等、幅広く用いられている。炭素 14 年代測定法、炭素・窒素同位体比分析法の詳しい原理等は本書のコラム 3 をご参照いただきたい。なお、詳しい研究史等は下記の文献をご参照いただきたい（國木田 2018 等）。

　炭素 14 年代測定法は、1947 年にシカゴ大学のリビー博士の研究チームによって開発された。日本では、1960 年に夏島貝塚（神奈川県横須賀市）の年代が報告され、縄文土器が世界最古の土器とし

て議論された。1980年代までは β 線法が主流であったが、1990年代以降に加速器質量分析法（AMS法）が導入され、微量での測定が可能となった。β 線法が主流の時期は、遺構や遺物包含層から出土する炭化材や木片資料の報告が多かったが、AMS法導入後は、直接的に遺物の年代が反映される土器付着物や、繊維土器等の土器胎土内に練りこまれた有機物の測定が行われるようになった。日本における土器付着炭化物年代の報告は、1990年の森ノ下遺跡（岐阜県高山市）における縄文時代中期の事例が最初である。同年には、諸家遺跡（岐阜県揖斐川町）出土の土器付着物と、同試料から抽出されたフミン酸との年代値の比較検討が報告された。また、池内遺跡（秋田県大館市）における研究では、炭素同位体により内容物が海産物と推定される試料の年代が古く得られることが、すでに指摘されている。

　その後、土器付着物資料は多くの研究者によって研究が進められた。北陸地方における縄文土器の研究、火炎土器の研究、縄文時代の通時的な検討（工藤 2012）等、非常に研究事例が多く、本項では紹介しきれない。小林謙一は、土器付着物の膨大な年代データをもとに、縄文時代の時期区分を整理している（小林 2017）。これらの研究成果により、縄文土器の実年代については、ほぼすべてその様相が把握されている。

（2）土器付着物の炭素・窒素同位体分析

　食性分析の手段として、炭素・窒素同位体分析が大きな成果を上げてきた。この分析法は、日本では1990年代後半から古人骨のコラーゲンを対象として分析がなされてきた。生体に由来するタンパ

ク質コラーゲンには炭素と窒素が含まれており、その同位体比は生物種によって異なる。遺跡から出土する古人骨からコラーゲンを抽出し、炭素・窒素同位体比を分析すれば、その人が生前食べていた食料を推定することができるのである。同分析法は、本書と同シリーズ『市民の考古学』12でも取り上げられている（米田ほか 2012）。1990年代には、元素分析計とイオン源を直結した連続フロー型の高精度安定同位体比質量分析計（EA-IRMS）が広く利用されるようになり、古人骨コラーゲンの炭素・窒素安定同位体比の報告は爆発的に増加した。

　2000年代には同手法を土器付着炭化物に応用する研究が進展する。土器付着物の炭素同位体比が各試料で異なることは、前述のとおり年代研究の過程で認識されていた。研究当初は、土器付着物の海洋リザーバー効果の有無を検討するための指標として炭素同位体比が注目されてきたが、近年になり窒素も残存していることが確認された。日本では、現生資料を用いた煮炊き実験を経て、食性分析に可能であることが示された。窒素が保存されるメカニズムや、現代の資料による汚染の影響、土壌埋没中に受ける続成作用等、解明されていない問題もあるが、大まかな食性分析には利用可能と判断されている。炭化前後の窒素の同位体分別や炭化物が混合物であることを考慮すると、現状では、海洋生物、C_4植物、C_3植物・陸上動物のどのグループに強く依存するかといった程度の精度で食性分析が可能といえる。形態観察が困難な資料に適用可能であり、試料量が極微量（数ミリグラム程度）ですむといった利点がある一方、種の同定ができず、データの解釈も難しいといった欠点がある。分析方法等は、國木田ほか（2010）、吉田（2014）等に詳しい。

第4章 土器付着物でわかる年代と食生活 97

（3）土器付着物の残存脂質分析

　土器付着物の炭素・窒素同位体分析とあわせて紹介しておきたいのが土器残存脂質分析である。脂質はその構造上の特性から、炭水化物やタンパク質よりも長い時間にわたって土器の胎土中や付着炭化物に残存する可能性が高いことが指摘されてきた。日本においては、前期旧石器ねつ造事件の際に、石器に付着した脂肪酸分析の問題点が指摘され、以後約20年間研究が低調であった。しかし、1990年代以降イギリスでは実証的な研究が進展し、残存脂質分析の方法は飛躍的に発展した。

　海外での代表的な研究事例として、中東からヨーロッパでの乳利用の解明や、ストーンヘンジの集落遺跡と考えられるダーリントン・ウォールでの乳と反芻動物、非反芻動物等を検討した研究等がある。これらの研究成果は、庄田・クレイグの文献（2017）をご参照いただきたい。日本では、2013年に鳥浜貝塚（福井県若狭町）等の縄文時代草創期・早期の土器用途論が発表され、水産資源利用に関する議論が行われた。また、青森県における縄文時代晩期の諸遺跡の土器が分析され、遺跡間の比較検討も行われている。

　現在、土器脂質分析は毎年のように新しい成果が発表され、日進月歩で研究が進展している。分析手法としては、ガスクロマトグラフ／質量分析計を用いた生物指標の特定や、ガスクロマトグラフ／同位体比質量分析計を用いた個別脂肪酸の分子レベル安定同位体比分析が実施されている。現状では、動植物については、海産動物に含まれる長鎖不飽和脂肪酸が加熱されたことを示すバイオマーカーが存在することや、パルミチン酸 $C_{16:0}$ とステアリン酸 $C_{18:0}$ の分子レベル炭素同位体分析によって、反芻動物（日本列島の場合はシ

カ・エゾシカ・カモシカ等）と非反芻動物を分離することが可能となっている。また、雑穀の一種であるキビの特定に、ミリアシンが指標になることが解明されている。

3. 土器付着炭化物の実際の分析事例

（1）土器出現期

土器の発明の要因を探るためには、現在最も古い年代値が得られている仙人洞窟を分析する必要があるが、今のところ食性に関する分析結果は報告されていない。本節では、上述してきた各地域の古い段階の土器の分析結果を検討することで、出現期土器の煮炊きされた内容物を考えてみたい。図23に代表的な遺跡および文化の分析データを示している。試料はすべて内面土器付着炭化物で、各生物群の分布範囲は吉田・西田の文献（2009）を引用している。

図23をみると、データの多くは草食動物・C_3植物の領域より上方の海洋生物の範囲に広く分布していることがわかる。日本の縄文時代草創期では、王子山遺跡（宮崎県都城市）、三角山Ⅰ遺跡（鹿児島県中種子町）の隆帯文土器（約13400年前）の分析がある（工藤 2014）。王子山遺跡では、陸上動植物を煮炊きした可能性が高く、C_3植物を主とするデータも確認されている。同遺跡は、コナラ属子葉や鱗茎が出土しており、植物資源が重要な食料であったと考えられる。その一方で、種子島の三角山Ⅰ遺跡は、窒素同位体比が高く、陸上動物に加えて、海産物の可能性が指摘されている。なお、淡水魚の領域は図示していないが、窒素同位体比が陸上動植物より高い約10‰前後と考えられている。また、卯ノ木南遺跡（新

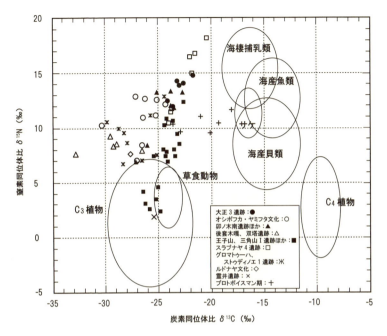

図23　土器出現期の炭素・窒素同位体比

潟県津南町）の押圧縄文土器（約13000〜12500年前）は、窒素同位体比が13‰の試料もあり、遡上性のサケ・マス類の利用の可能性が高い（Yoshida *et al.* 2013）。同じ傾向は、壬遺跡の円孔文土器、西倉遺跡の爪形文土器でも確認される。このほかに、小瀬ヶ沢遺跡の爪形文土器では、炭素と窒素の含有量の比率（C/N比）から、堅果類を単独で煮炊きした可能性が指摘されている。北海道では、上述の大正3遺跡で海洋生物の影響が確認され、サケ・マス類を含めた海洋資源が主要な煮炊き物であったことが判明した（Kunikita *et al.* 2013）。大正3遺跡では、上述の鳥浜貝塚とあわせて残存脂

質分析が実施され、海産物を含む水産資源の煮炊きが議論されている（Craig *et al.* 2013）。また、前田耕地遺跡（東京都あきる野市）では、最古段階と考えられる無文土器をともなう住居状遺構から大量のサケ科の骨が出土しており、遡上性のサケ・マス類を対象とした内水面漁撈が行われていたことがわかった。日本の縄文時代草創期における土器の煮炊き物は多様性があり、南は堅果類の利用、北では水産資源の利用の実態が少しずつ明らかになってきている。

　大陸側に目を向けてみると、アムール下流域のオシポフカやヤミフタ文化は、大部分で窒素同位体比が約10‰より高く、水生生物の可能性が高い。一般的に、窒素同位体比が約9‰前後より高くなると水生生物の影響が考えられる。また、炭素同位体比が、大正3遺跡等の海生生物と比較して、約−25〜−30‰と低いため、淡水魚類が中心の内容物と推測できる。この炭素同位体比が低く、窒素同位体比が高い領域には、中国の後套木嘎遺跡や双塔遺跡、アムール川中流域のグロマトゥーハ遺跡が含まれる。いずれの遺跡も河川や湖沼に近く淡水魚類等を中心に煮炊きしていたようだ。ストゥディノエ1遺跡やグロマトゥーハ遺跡の一部は、窒素同位体比が約7‰と比較的低い値もあることから、陸上動植物もあわせて煮炊きしていたことが推測される。霊井遺跡は1点だけのデータではあるが、陸上動植物のみの傾向にあり、今後の分析が注目される。

　土器出現期ではないが、サハリンのスラブナヤ4遺跡、沿海地方のプロトボイスマン期は特徴的な傾向を示す。スラブナヤ4遺跡は、窒素同位体比が約18‰と非常に高い値があることから海洋資源のなかでも、海棲哺乳類を煮炊きしていた可能性が高い。残存脂質分析の結果でも、サケ・マス類や高栄養段階の海棲哺乳類の可能

性が示唆されている（Gibbs *et al.* 2017）。それに対して、プロトボイスマン期は、炭素同位体比が高く海生生物であることは共通するが、窒素同位体比が約10‰前後と低い傾向を示す。おそらく、海生生物のなかでも栄養段階の低い小型魚類や貝類を中心とした内容物であったことが推測される。ボイスマン2遺跡は内湾環境に立地しており、その意味でも矛盾しない結果といえる。

（2）縄文・弥生時代

　日本の縄文時代から弥生時代の変遷も少し紹介したい。図24に筆者のデータを中心に、代表的な研究を図示している。詳しいデータは國木田の文献（2018）をご参照いただきたい。

　縄文時代早期は、北海道東部の遺跡データを図示している。大部分が海生生物由来と判断されるが、八千代A遺跡（北海道帯広市）、湧別市川遺跡（北海道湧別町）の一部では陸上動植物と考えられる試料も存在する（Kunikita *et al.* 2013、福田編 2015）。後者では、プロトボイスマン期と類似した傾向を示す試料もある。

　縄文時代中期では、草食動物・C₃植物から海生生物の間に幅広く分布する。火炎土器の研究が著名である（吉田・西田 2009 等）。火炎土器は装飾性に富む様式であり、その煮炊きされた内容物は注目される。現状では、陸上動植物と遡上性のサケ・マス類を中心とした内容物が推測されている。清水上遺跡（新潟県魚沼市）等では、サケ・マス類と思われる海生生物の影響が顕著な試料や、堅果類を単独で煮炊きしたと考えられる試料が存在する。また、遺跡ごとに特徴がみられ、河川の上流部では陸上動植物が中心であり、下流部では海生生物を含んだ多様な食材を煮炊きする実態が明らかに

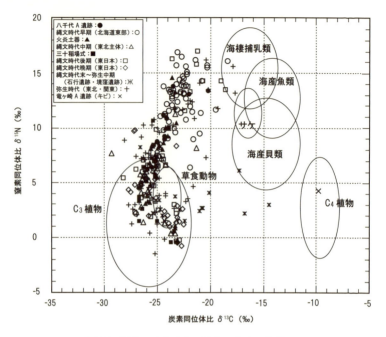

図 24　縄文・弥生時代の炭素・窒素同位体比

なっている（吉田 2014）。

　土器付着炭化物における食性分析では、土器サイズや器種の違いも重要な情報となる。縄文時代では、無文や口径 20 cm 以上のサイズの深鉢が、植物資源の煮炊きに用いられる傾向が強く、一部は堅果類利用との関係性が考えられる。火炎土器も同時期の粗製（地文のみ）深鉢と異なる傾向をもつ。また、縄文時代の浅鉢・注口付浅鉢は同時期の深鉢と内容物が異なっており、明確な使い分けがあったことも確認されている。

　縄文時代後期および晩期も、中期と同様に草食動物・C_3 植物か

ら海生生物の間に幅広く分布する。浜中遺跡（北海道礼文町）、近野遺跡、小牧野遺跡（青森県青森市）で、海生生物の影響が顕著な試料も存在する。筆者らは、後期の三十稲場式に注目して分析を実施している（國木田ほか 2012）。三十稲場式は、多量の蓋を伴出することが多く特異的であり、火炎土器と同じく煮炊きの内容物が興味深い。現状では、三十稲場式の土器付着物は大部分が草食動物・C_3植物の領域に分布する。一部でサケ・マス類と考えられる試料もあるが、火炎土器ほど顕著な傾向はない。蓋がつくことによって、食材の大きな変化はなかったのかもしれない。内容物に大きな変化がない場合、蓋の用途は、煮沸効率を上げるためか、煮炊きとは別の、貯蔵や装飾の要素と関係する可能性も考えられる。今後も分析を継続する必要があろう。

　縄文時代末から弥生時代にかけては非常に重要な時期である。この時期にイネやアワ・キビといった栽培植物が朝鮮半島よりもたらされ、日本列島に波及した。炭素・窒素同位体分析法では、陸上起源の動植物（C_4植物以外）を分けることができないため、イネを中心とした植物利用を証明することができない。ただし、アワ・キビといったC_4植物は、他の生物領域と大きく離れているため判別が可能である。竜ヶ崎Ａ遺跡（滋賀県近江八幡市）では、弥生時代前期の長原式の土器に付着した炭化粒がキビと同定され、炭素・窒素同位体分析でもC_4植物と判定された。筆者らの分析では、縄文時代晩期終末から弥生時代中期前半に、境窪遺跡（長野県松本市）等の中部地方の遺跡でC_4植物の利用が顕著になる一方、東北地方北部では同時期のC_4植物利用は皆無であることがわかった。また近年では、レプリカ法による土器種実圧痕の検討が活発に行わ

れ、栽培植物の圧痕の有無と文化要素の関係等が議論され、各地域での栽培植物の受容の時期や内容が解明されつつある。

（3）続縄文・擦文・オホーツク文化

最後に、北海道を中心とした続縄文・擦文・オホーツク文化の状況を紹介したい。北海道は弥生農耕文化が波及しないことから、縄文時代に後続して続縄文時代が設定され、その後も擦文文化、トビニタイ文化、アイヌ文化等の本州とは異なる文化が成立する。また、5～9世紀には大陸・サハリンからオホーツク文化が渡来する。オホーツク文化は海洋資源に特化した生業が中心と考えられ、食性分析の観点からも興味深い。一方、7～13世紀頃には本州からの影響で擦文文化が成立する。一般的に、擦文文化はサケ・マス類や雑穀利用が中心であったと理解されている。北海道の先史文化を探るためには、これら各文化の食性を解明することが重要である。

図25に北海道における各文化の土器付着物の炭素・窒素同位体を示している。続縄文文化の4点を除いて、すべて窒素同位体比が9‰より高い値を示し、水生生物の影響が考えられる。炭素同位体比も高い傾向にあるため、海生生物と判断できる。常呂川河口遺跡（北海道北見市）の続縄文文化の4点は、陸上動植物の可能性が高く、北海道ではめずらしい。また、現状で続縄文時代の後北式の注口土器と深鉢との間に大きな差はなく、注口の有無と内容物との関係はあまりないのかもしれない。各文化間の比較では、オホーツク文化と鈴谷式（日本では約1～5世紀）の傾向、擦文文化とトビニタイ文化の傾向が類似している。いずれも炭素同位体比が−24‰より高い傾向があるため、海生生物の影響が高いと判断できるが、

第4章 土器付着物でわかる年代と食生活　105

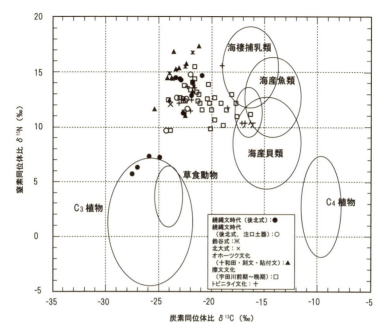

図25　続縄文・擦文・オホーツク文化の炭素・窒素同位体比

その内容物の構成は文化間で多少異なるようである。オホーツク文化や鈴谷式では、窒素同位体比が15‰を超える試料がいくつかあり、海棲哺乳類の影響があるのかもしれない。炭素・窒素同位体比のみで判断した場合、オホーツク文化より擦文文化の方が海生生物の分布に近いが、これはオホーツク文化等で、炭素同位体比が比較的低いと考えられる海棲哺乳類の油脂等が影響している可能性がある。また、擦文文化の分布は、右下がりの傾向が確認でき、アワ・キビ等の C_4 植物が混入している可能性が高い。

（國木田　大）

コラム4
土器の製作地はどこ？

　土器は、粘土や砂などの無機物から主に構成され、ときに植物や動物の一部分を含む場合がある容器である。土器の製作地を明らかにする手がかりは、土器の外見上の形態的特徴と土器構成物の物質的な特徴にある。前者は、考古学的分野なのでここではふれない。後者の分析は、胎土分析とよばれ、その手法は、岩石鉱物組成、重鉱物組成、鉱物粒子ごとの化学組成、粘土部分の化学組成、微化石分析など多岐に及ぶが、共通するのは土器中の粘土や砂の特徴と地質分布の地域性との関係から原料産地を推定していることである。土器は人の活動にともない移動する。土器の原料産地を明らかにすることは、その製作地を推定する手がかりになる。時期あるいは土器型式ごとに土器作りのあり方が同一であるとは限らない。しかし、地元原料を用いた土器作りが地域ごとに確認された場合には、原料産地をほぼ製作地とみなすことができる。以下では主に土器中の砂粒の岩石鉱物組成の特徴に注目して、縄文草創期〜早期土器の原料産地についてながめてみたい。

　縄文草創期の出現期土器群の青森県大平山元I遺跡の無文土器は、デイサイト〜流紋岩、同質の変質火山岩類・斜長石・石英などから構成され、黒雲母・角閃石・不透明鉱物・β型石英・放散虫・海綿骨針などが含まれ、遺跡周辺の堆積物組成とは異なること、デイサイト〜流紋岩体に近い地域で原料が採取された可能性があること、原料産地候補として津軽地域が含まれることなどが推定された。神奈川県相模野第149遺跡では、獣毛様などの複数種類の繊維痕が認められた。分析試料のうち2試料は、泥質岩・砂岩などの堆積岩を主体とし、玄武岩・カンラン石をともなうことから、地元原料と推定された。他の2試料は、片岩類など

の変成岩を主体とし、関東地方で三波川帯が分布する荒川流域などが原料産地候補とされた。このように出現期土器群では、遺跡周辺地質と調和的胎土を示す地元産土器はわずかである。

縄文草創期隆線文土器段階では、神奈川県の花見山遺跡、長津田遺跡群宮之前遺跡、慶應義塾大学湘南藤沢キャンパス内（SFC）遺跡などの分析例において、地元に原料産地が推定される土器が多い傾向が認められる。

縄文早期の撚糸文土器では、栃木県宇都宮清陵高校地内遺跡の井草式、山崎北遺跡の夏島式、堀込遺跡の稲荷原式、静岡県愛鷹山麓の大谷津・広合・寺林南・西洞遺跡の撚糸文土器などで、原料産地が地元のものと他地域のものとが混在し多様性を示す。一方、栃木県市ノ塚遺跡稲荷台式〜稲荷原式、堀込遺跡天矢場式などでは、分析試料すべての原料産地が地元以外の地域に推定された。また、縄文早期押型文土器では、愛鷹山麓の尾上イラウネ遺跡・西洞遺跡において、多様な胎土を示すが地元に原料産地が推定されるものが多い。一方、山梨県曽根遺跡では、分析試料すべての原料産地が他地域に推定される。以上のように、撚糸文・押型文土器の時代は、地元原料を利用して積極的な土器作り地域がある一方、土器作りに消極的な地域もあり、遠距離移動する土器も少なくなかったと推定される。

縄文早期中葉から後葉において、神奈川県市兵衛谷遺跡・久保ノ坂遺跡の田戸上層式・子母口式・野島式などで類似性のある多様な胎土が継続的に認められることから、相模川・多摩川間地域などではより安定した土器製作がなされていたことが推定される。

（河西　学）

第 5 章　東アジア土器出現期の弓矢文化

1. 弓矢文化のはじまりをめぐる議論の整理

　本章では、まず弓矢技術の導入とその文化をめぐる議論を紹介したのち、東アジアにおける弓矢文化と土器のはじまりの指標となる遺跡や石器群について紹介する。そして、弓矢文化と土器のはじまりと展開について、主に文化的な特性と社会的な背景に重きをおいて考察する。

　現在、弓矢技術の導入と文化をめぐる議論には、次の 3 つの展開がある。

　① 後期旧石器時代初頭のホモ・サピエンス拡散の装備として：アフリカで誕生したとされる私たち現生人類（ホモ・サピエンス）が約 10 万年前頃に出アフリカを果たす際、すでに投槍器や弓矢を用いた複合的な投射技術をもっており、その知恵を使って世界中にひろがっていったのではないか、という仮説である（佐野 2017）。いずれも石器に残る衝撃剥離痕跡などの分析から、ヨーロッパではソリュートレアン期のパルパリョ型尖頭器やウルッツィアン期の三日月形の細石器（図 26）、日本では台形様石器など小形の石器が弓で投射された矢尻（鏃）として考察されている。

　② 晩氷期に新大陸への拡散を果たした集団の指標として：晩氷

ヨーロッパ、ウルッツィアン期の三日月形細石器(1,2)とソリュートレアン期のパルパリョ型尖頭器 (3,4)
1,2：イタリア・カヴァロ洞窟出土 (Palma di Cesnola 1989)
3,4：スペイン・パルパリョ洞窟出土 (Clark 1963)

図26 弓矢技術の指標となる現生人類の石器（佐野 2017）

期、更新世末の約16000～14000年前頃に、現生人類がベーリンジアを渡って、新大陸へ到達していく際に装備していた有茎尖頭器という石器が弓矢技術を示す可能性がある。

有茎尖頭器とは、狩猟道具として木製の柄の先端に装着して使用する先の尖った石器である。器体の表裏両面を丁寧な加工によって仕上げ、着柄のための茎を作り出していることが特徴である。この石器は、現在までのところ日本列島の事例が最も古い年代値（約15500年前）を示しており、この有茎尖頭器が新大陸への拡散を果たした現生人類の集団指標として環太平洋地域で注目されている。北米に展開した初期の文化であるクローヴィス文化の起源としても注目されており、太平洋沿岸移動モデルの一つとして、ケルプ・ハイウェイ仮説（図27）とよばれている (Erlandson *et al.* 2011, Braje *et al.* 2017)。環太平洋沿岸にひろがっているケルプ（海藻の一種）や海洋哺乳類を含む海洋生物を食料とし、舟による海上渡航の技術も有した人類が海洋の環境に適応しながら沿岸をつたって移動を果たしたというわけである。

③ 完新世初頭とそれ以降の環境への適応として：東アジア地域の中国北部や朝鮮半島、そして日本列島において、明確に「石鏃」

第 5 章　東アジア土器出現期の弓矢文化　111

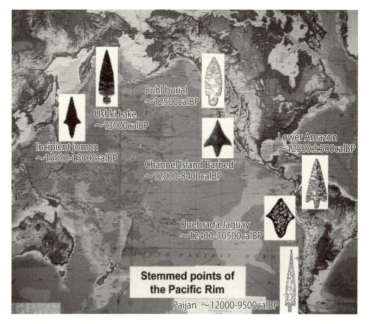

図 27　ケルプ・ハイウェイ仮説（Erlandson *et al.* 2011 を改変して作成）

もしくは弓矢技術を利用した狩猟文化として広域に定義できるようになるのは、完新世以降の環境適応の結果である、との考えである。約 9000 年前以降になると海水面が上昇し、現在と同様の気候や植生となる。土器の生産量が増加し、竪穴式住居が数多く検出され、貝塚も形成されるなど、日本では縄文文化が本格的に始まることになる。この時期に、東アジアではおおよそ共通して確実に弓矢と定義できる石器が製作される。石鏃という無茎の石製の矢尻である。以上のように、大きくみると 3 つの論点で弓矢文化の発生と展開は議論されている。本章では、2 番目（②）と 3 番目（③）の論

点を取り上げる。

2. 東アジアにおける土器のはじまりと弓矢文化の指標

（1）理化学的年代値からみる意義

　まず、2番目（②）の論点に焦点を絞ってみていこう。この論点の意義深いところは、日本列島においては、隆起線文土器文化という、最初の安定した土器の生産・使用を示す文化であるという点である。この隆起線文土器にともなう石器として、有茎尖頭器が位置づけられる。つまり、土器文化のはじまりと弓矢文化の展開とが軌を一にしており、さらに新大陸への人類の拡散の原動力やその背景を知る手がかりを提供する点に重要性がある。

　図27をみると、日本列島の有茎尖頭器が最も古い年代値が得られており、そこを起点にベーリンジアを渡って新大陸を東に進むにつれ年代値が新しくなっていく。この年代値が本当に石器の年代と一致しているか否かは精査しなければならないが、アメリカの研究者によって提示された考えであり、その起源地として、最も古い日本列島に海域環境に適応した痕跡が考古学的にあるかないか、ということが研究者の関心事のようである。この仮説を補強するように、近年の研究では、新大陸の北米西海岸に、9000から13000 cal BP程度の年代値をもつ遺跡が40を超えて発見されており（Erlandson *et al.* 2008）、ケルプ・ハイウェイ仮説を裏付けている。物質文化研究としては、きわめて意義深い視点を提供していると思われる。放射性炭素年代測定などの理化学的年代値の蓄積を基準に広くみていくことで、考古資料の型式論的な分析にもとづく分布範囲に

とらわれず、さらにワールドワイドにみえてきたわけである。

（2）中国における土器のはじまりと弓矢技術の指標

　さて、東アジアにおける土器のはじまりと弓矢技術の指標となる
石器製作技術をみていこう。図28は中国の北部と南部の土器出現
期の遺跡である。中国南部には、日本の事例より古い可能性のある
土器がいくつかの遺跡で発見されている。仙人洞 Xianrendong で
は約19000〜20000年前、玉蟾岩 Yuchanyan では約17500〜18300
年前の年代値が得られており、世界最古の土器として位置づけられ
る。中国北部ではやや新しく、10000年前から12000〜13000年前
を示す土器が発見されている。

　図28と図29をみると、細石刃細石器という小さなカミソリ状の
石器が後期旧石器時代終末期に認められる。年代値が得られている
遺跡を中心にみると、小形の有茎尖頭器、小形の尖頭器が細石器と
ともに認められ、9000から1万数千年前を示す20程度の遺跡が中
国北部で確認されている。北部の于家溝 Yujiagou 遺跡では、約
9700〜11500年前の年代値とともに土器、細石器、両面に加工が施
された槍先形尖頭器という15cmを越える石製の槍先、そして小
形の尖頭器がある。李家溝 Lijiagou 遺跡では、下層が細石器文化
層（約10200〜10400年前）、上層が李家溝文化層（約9900〜10300
年前）として年代値が得られている。下層からは旧石器の伝統を示
す細石器が、上層からは小形の尖頭器が確認されており、日本の旧
石器時代終末から土器出現期の遺跡の様相とよく似た状況にある。
柿子灘遺跡S29地点第1文化層においても、小形の尖頭器ととも
に細石器が出土し13000年前前後の年代値が得られている。年代値

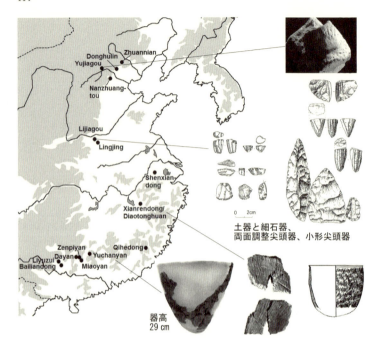

図28 中国における土器のはじまりと石器（Li *et al.* 2017, Cohen *et al.* 2017 より作成）

は得られてないものの、内蒙古自治区の嘎査遺跡でも、同様に細石器と大形の槍先形尖頭器、そして小形の尖頭器が認められる。

このように、中国北部の土器出現期における石器群には、旧石器時代の伝統のなかで理解できる細石器、もしくはその直後の両面調整槍先形尖頭器に2〜4cm程度の小形の尖頭器が認められる。この小形の尖頭器が、当該期の東アジアでの弓矢技術の指標となる石器である可能性が高い。

第5章 東アジア土器出現期の弓矢文化 115

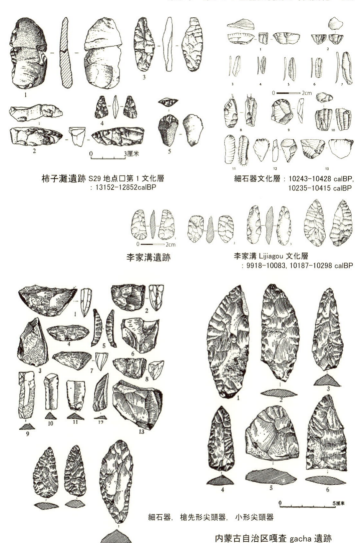

柿子灘遺跡 S29 地点口第1文化層
: 13152-12852calBP

細石器文化層：10243-10428 calBP,
　　　　　　　10235-10415 calBP

李家溝遺跡

李家溝 Lijiagou 文化層
: 9918-10083, 10187-10298 calBP

細石器，槍先形尖頭器，小形尖頭器

内蒙古自治区嘎査 gacha 遺跡

図 29 中国北部における弓矢技術の指標となる石器群（吉林省文物工作队 1983、山西大学历史文学院他 2017、Wang *et al*. 2015 より作成）

3. 日本列島の弓矢文化の特性と社会

（1）出現期石鏃・有茎尖頭器の広域分布と製作技術

　では、日本列島における「縄文時代草創期」の石器群、居住痕跡、黒曜石原産地の開発行動の事例に着目してみていこう。表3には、後期旧石器時代終末から縄文時代初頭にかけての年代値の整理（横軸）と共伴すると考えられる土器型式、示準的な石器、居住痕跡などの要素の変遷をまとめている。中国北部と同様に、細石器が最も古く、後期旧石器時代終末に位置づけられる。そして有茎尖頭器は約15500～13000年前まで継続している。ともなう土器は隆起線文土器である。

　次に、茎はなく小形の三角形を呈す石鏃が有茎尖頭器に若干時期を遅れて出現する。そして、この微隆起線文土器の時期にいったん温暖な気候となり、磨石・石皿という重量のある定置的な石器が明

表3　年代値の整理と石器群、居住痕跡等の変遷（及川 2015）

年　代 (calBP)	19,500 16,000	15,500-15,000 14,000	13,200-13,000 12,300-12,000	11,500 11,000-10,750	8,500
	LGM Cold-2	LG Warm	LG Cold	PG Warm-1	
段　階	1 2	3 4	5 6	7	8
土器型式	無文	隆起線文	微隆起線文 隆帯文・円孔文 無文・爪形文	爪形文 押圧縄文 無文	多鋸文 無文	表裏縄文	撚糸文・沈線文 押型文
特徴的な器種の消長	細石刃	本州北 本州南 九州				
	有茎尖頭器	本州北 本州南 九州				
	神子柴型石斧	本州北 本州南 九州				
	有溝砥石	本州北 本州南 九州				
石鏃の型式変遷		大形二等辺三角鏃 先端突出形態	曽根型三角鏃 長脚鏃・円脚鏃	菱形鏃 円基鏃	先端突出形態 +局部磨製 Y字型石鏃	Y字型+局部磨製 鏃形鏃+局部磨製 小形五角形鏃
磨石・凹石・石皿					
住居状遺構					
陥穴跡群	（九州）				

確に出現する。植物や木の実などを磨り潰すための加工具である。

　加えて、住居状の遺構（掘り込みをもったイエ）、組織的な狩猟活動の証拠となる陥穴も出現する。隆起線文土器から爪形文土器の時期にかけて、つまり、本格的な土器文化はじまりの時期に、様々な要素がそろい、文化史的な画期があると考えられる。ちょうどその時期に小形の有茎尖頭器、もしくは無茎の石鏃という石器が多量に製作され、弓矢文化のはじまりが捉えられる。

　図30と図31に出現期の石鏃を示す。最も古く位置づけられている石鏃が青森県大平山元Ⅰ遺跡や神奈川県吉岡遺跡群出土の石鏃である。大平山元Ⅰ遺跡の列島最古の無文土器（約15500～16000年前）にともなうものかどうかは不明であるが、製作技術としては、微隆起線文土器や爪形文土器にともなう石鏃と同様の特徴をもっている。製作工程の初期段階において、スレート状の素材や原石をもとに原形を用意したのち、平面的に平坦な加工を加えており、大形の槍先形尖頭器や有茎尖頭器と同様の製作技術が認められる。

　この三角形の石鏃の分布を追っていくと、列島に広域的に分布し、時期的にもおおよそまとまって、東北から九州までホライゾンを形成していることが捉えられた。そして、神津島産の黒曜石を利用した尖頭器や、鹿児島の種子島では桑ノ木津留産黒曜石を利用して特徴的な形の石鏃を製作している状況も捉えられた。これらのことから、この出現期の石鏃の時期に、海上を活発に往還するような文化的な状況や社会的な関係が形成されていたと考えられる。

（2）弓矢文化における石器原料の消費行動からみた生活領域

　次に、有茎尖頭器を取り上げる（図32）。

図 30 出現期石鏃の分布と石鏃型式（及川 2015 を改変）

第5章 東アジア土器出現期の弓矢文化 119

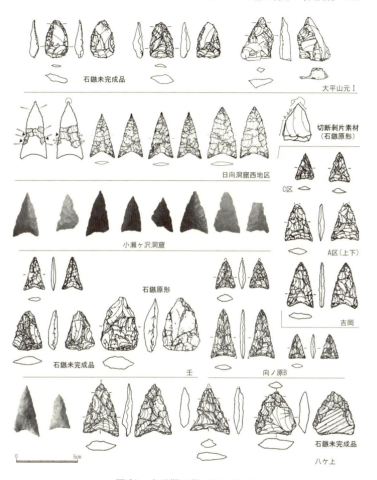

図31 出現期石鏃（及川 2014）

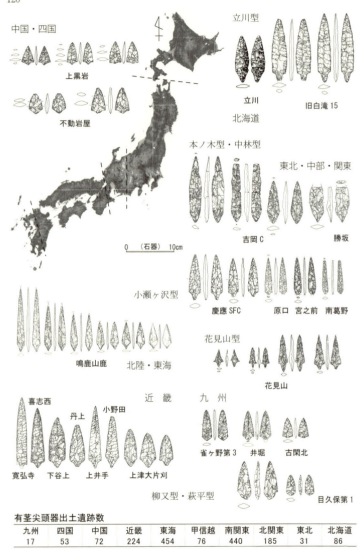

有茎尖頭器出土遺跡数								
九州	四国	中国	近畿	東海	甲信越	南関東	北関東	東北	北海道
17	53	72	224	454	76	440	185	31	86

図 32　有茎尖頭器の分布と遺跡数（及川 2015 を改変）

第5章 東アジア土器出現期の弓矢文化 121

　有茎尖頭器は、大小の多様な形態を有している。北海道では立川型、近畿・東海から九州では萩平型、関東・中部では本ノ木型あるいは小瀬ヶ沢型というようにいくつかの地域性を有して製作されている。北海道や近畿では15cmを越え、南関東の花見山型とよばれるものは3～4cm程度の小形のものが主体をなす。この花見山型について、法量の特徴から弓矢の先端として機能していたことが考えられている。大形の有茎尖頭器は突き刺す手持ちの槍、中程度のものはダート（投槍）、そして小形のものが弓矢の先端、矢尻というように、変化に富んだ形態と機能が想定されている。

　さて、小形の有茎尖頭器の製作技術は、上記した出現期石鏃とほぼ同様な製作の特徴を示すものの、異なる点は原石に小形の円礫を使う点である。神奈川県相模川周辺の遺跡の事例をみると、相模川などで採取できる小形円礫を使って、輪切り状に剝片を剝がし、それを素材に製作するという特徴をもっている（図33）。横浜市花見山遺跡や、伊勢原市三ノ宮・下谷戸遺跡など、いずれも遺跡の近傍で採取できる円礫原石を利用して有茎尖頭器を製作している。図34には、多摩川水系のチャート・頁岩製の有茎尖頭器と、箱根産ガラス質黒色安山岩、相模川や丹沢産凝灰岩製の有茎尖頭器をそれぞれ別に示した。チャート・頁岩は多摩川水系で採取される石材であり、河原で採取した円礫を花見山遺跡や万福寺遺跡など限られた地点に搬入し生産している。一方、ガラス質黒色安山岩や凝灰岩は、箱根に近い西方、相模川の南方などで採取される石材であり、同様に三ノ宮・下谷戸遺跡や慶応SFC遺跡など南方に位置する限られた地点に原石を搬入し生産している。つまり、有茎尖頭器は、どの遺跡でも製作され生産されているのではなく、原石の搬入に始

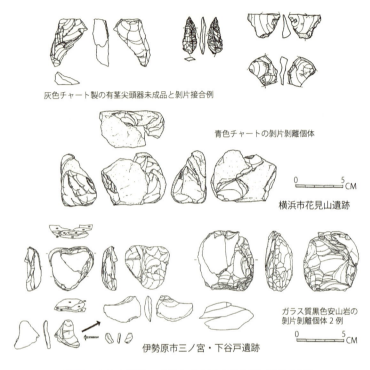

図33 有茎尖頭器の素材生産を示す接合例（及川 2004）

まる素材の生産遺跡は、限られた場所、地点にしか認められない。分布図をみると、チャート・頁岩と、ガラス質黒色安山岩・凝灰岩の有茎尖頭器は、それぞれが非常に排他的な分布を示している。このように、特定の限られた拠点的な大規模な遺跡において大量に生産するという特徴を有している。そして利用している石材とその採取、産出地も排他的に分かれており、日常的な生業活動や石材資源の開発の領域というものを形成していることが捉えられる。

第 5 章 東アジア土器出現期の弓矢文化　123

（3）神津島産黒曜石の獲得からみた社会的関係

　このような状況のなかで、図 34 の丸で囲った横浜市長津田遺跡
群宮之前南遺跡は、きわめて特異である。遺跡群の展開する地域ご
とに排他的な利用状況を示していた、チャート・頁岩と、安山岩・
凝灰岩、両方の原石を持ち込んで素材を生産している唯一の遺跡で
ある（図 35）。結論から述べれば、宮之前南遺跡は、多摩丘陵周辺
を日常的な生活の領域とする集団と、相模川下流域や丹沢山地を生
活領域とする集団のそれぞれからある特定の人々が派生的に、分散
して原石を持ち寄って残した遺跡であると考えられる。

　そして、この遺跡からは、神津島産の黒曜石製の有茎尖頭器が
10 点ほど認められる。いずれも小形で、有茎尖頭器の未完成品を
含んでいる。神奈川県を含む南関東では、黒曜石製の有茎尖頭器は
ほとんど出土せず、黒曜石はほぼ利用しない。この遺跡だけは例外
であり、黒曜石製の有茎尖頭器が一定数まとまって製作された。こ
の黒曜石製有茎尖頭器とその製作過程で生じる剝片のエネルギー分
散型蛍光 X 線分析装置による産地分析を実施したところ、島嶼環
境である伊豆諸島神津島恩馳産の黒曜石であることが判明した。

　狩猟道具である有茎尖頭器の原料となる原石や素材を、丹沢山地
周辺と多摩川水系という異なる方向の違う地域から持ち寄っていた
特異な遺跡であるが、そこで、遠く離れた、しかも海に隔てられた
場所である神津島から手に入れた黒曜石を利用して有茎尖頭器を製
作していた。この遺跡は、神津島へ別働部隊を結成して遠征した
人々が残した遺跡である可能性をもっている。

　有茎尖頭器の石材利用や製作技術・運用構造からは、通常の生業
の活動は、限られた領域を舞台にして展開していたことが考えられ

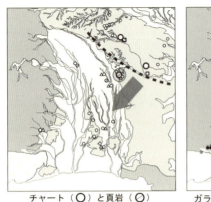

チャート（○）と頁岩（◐）　　　ガラス質安山岩（●）と凝灰岩（◯）
　　の原料消費　　　　　　　　　　　の原料消費

凡例　● 原石搬入地点（類型cの接合個体）
　　　■ 素材剥片の剥離個体検出地点（類型dの接合個体）
　　　▲ 素材剥片の搬入地点
　　　● 成品出土遺跡（単独出土資料含む）

図34　相模川周辺地域における有茎尖頭器群の分布（及川 2008を改変）

た。そのなかで、日常では異なる領域に暮らす集団が、黒曜石を取りに行くための別働的な遠征者、特定の労働に従事するための集団を結成していたことを示すのではないかと考えられる。そのような集団が、荒波で囲まれた神津島にわざわざ海を渡り、おそらくは舟による航海技術を有して、獲得に赴いていたことが想定できる。

　列島規模での広域連動：相模川周辺地域でみてきたように、石器原料の消費行動から復元される生活領域は10〜15km程度の比較的狭い範囲が想定され、素材の生産に始まる有茎尖頭器の製作は、特定の遺跡に限られる状況にあった。このことからは、生業に際しての諸行動が特定の地域や場所（遺跡）に集中する傾向にあること

第5章　東アジア土器出現期の弓矢文化　125

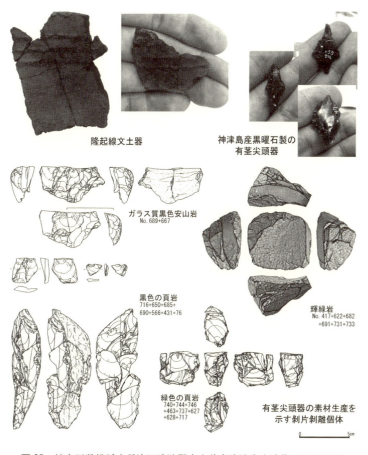

図35　神奈川県横浜市長津田遺跡群宮之前南遺跡出土遺物（及川 2017）

がうかがえる。石器の原料を搬入する遺跡、土器を大量に生産する遺跡などが特定の場所に集中する傾向にある。

　以上のような有茎尖頭器を作り使用した人々の生活領域は、関東地域以外の中部高地、東海地域、近畿地域、山陰地域などにおいて

も同様の傾向にあることがわかっている。各地域でそれぞれ近傍の石材を利用しており、生業活動として特定の領域を形成している。石器の石材、つまり特定の資源について、拠点地や生活圏を形成しながら開発したような居住痕跡をそれぞれ残しているということが予測でき、生業活動や社会の状況が列島規模で共通している。

（4）居住と生業の活動

次に、有茎尖頭器から出現期石鏃に至る時期の石器の組成と、定住化の指標となる住居状遺構を取り上げる。磨石・石皿とよばれる石器は、居住する場所に置いて使用する。1点1点が重いため、持ち運びをするというより、特定の集落・住居に比較的長期間にわたって設置して繰り返し使うような道具である。そのような石器が、やはり特定の遺跡に偏って出土する状況にある（表4）。それらは、ドングリ、トチノミといった木の実や植物質食料を磨り潰す道具であると考えられており、限られた遺跡に多量に認められる。

また、この時期になると、居住の痕跡を示す明確な住居址、住居状の遺構の検出事例が確実に増加する。これらの一定期間の居住痕跡を示す各種の遺構どうしの切り合い関係も多くの遺跡で認められ、3〜4mくらいの浅い住居状の遺構が重なり合って検出されている（図36・37）。宮崎県の清武上猪原遺跡では14軒の住居址が連なるように切り合っており、静岡県の大鹿窪遺跡では15軒程度の住居状遺構がいくつかの単位に分かれて切り合っている。特定の遺跡に、特定の地点・場所に密集して切り合い関係を有して残されている状況が捉えられる。このように、磨石や石皿といった定置的な石器や、定住の指標となる住居状遺構などの掘り込みをもつ遺構

表 4　日本列島の主な遺跡の石器組成と遺構数（及川 2015 を改変）

時期(表3)	遺跡名	石鏃	石錐	削器・二次加工剥片	掻器	磨製石斧	礫器・敲石等	剥片・砕片	両極剥離石器	残核	磨石・凹石	石皿・台石	合計	住居	土坑	集石
4-5	深見諏訪山	38	1		5		16	1000	50		12		1131			
4-5	野沢（SI-02～06）	70	10	39		1	6	55		1	33	8	223	4	○	
4-5	大鹿窪 1 号竪穴	11		6	1		1	944	1	1	12	2	979	14	11	20
4-5	葛原沢Ⅳ 1 号住	12(8)	1	5	5			2440		2	1	1	2462	1	3	1
4-5	相合熊原（5 軒分）	61	1	118	5		20	818	169	6	7	8	1213	5	15	2
4-5	鬼ヶ野（遺構出土のみ）	22					1		3	2	15	4	47	5	4	6
4-5	王子山（遺構グリッドのみ）	32	1	5		4	4	116	1	34	50	85	332	4	10	13
4-5	三角山（2 軒分）	8					1	○			13	5	27	2	2	8
6	五日市新田 18・19 住	14		24		1	23	226	93	3	81	7	472	3	3	6
6	宮林 4 号住			3			3			1	3	2	12	2		
6	滑川打越	2				1		42	14	1	3		63	1		
6	東京天文台構内	3		7	4		10	5			11	1	41			
6	筌台洞窟下層	64		89	19	7	7		25	9	7	2	229			
7	お宮の森裏（11 軒分）	101	9	41	132			449	55	4	65	3	859	11	5	
7	野尻湖東裏Ⅶ-P 区	8		13	2		6	15	1	1	5	2	53			
8	美女 SB 18	10	1		29			466	6	6	9	1	528	12	122	6
8	樋沢	495	14	256	12	3	6	3625	314	71	92	28	4916	1	4	3
8	石子原	172		124	4	3	22(11)	3474	238	18	32	8	4095	6	15	4

※括弧内は尖頭器　　※括弧内はスタンプ形石器

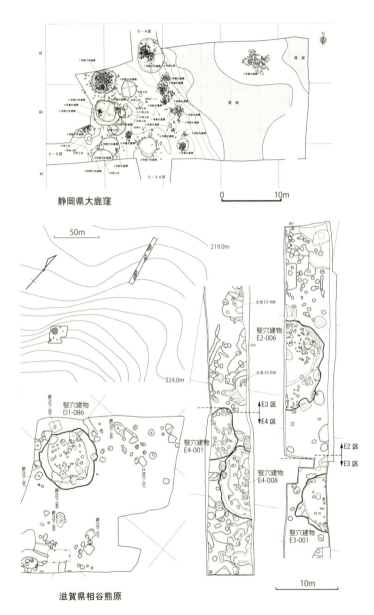

図36 住居状遺構の代表例①(及川 2014を改変)

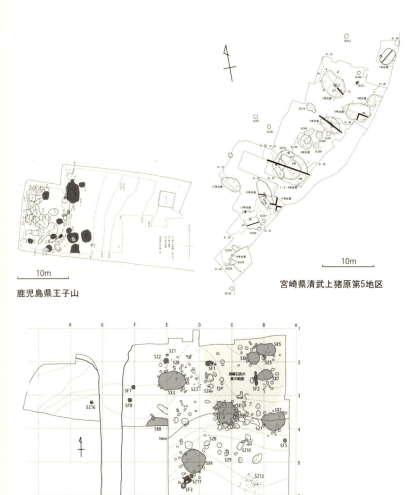

図 37　住宅状遺構の代表例②（及川 2014 を改変）

が、特定地域、特定の場所へ集中する傾向にあり、累積的な構造を有している。逆説的にいえば、人がいなかったような空白地帯、人が住んでいなかった地域も捉えられる、といえるだろう。また、そのような社会状況が復元される可能性がある。

　以上紹介してきたように、有茎尖頭器の素材生産の遺跡が限定されそこで多量に製作すること、磨石・石皿などの定置的な植物質加工具類や土器の特定遺跡への偏った出土、居住痕跡の切り合いのように、特定遺跡の特定地点への密集、あるいは隆起線文土器に認められる使用量の増加、器種の多様化にみる土器の生産・利用の確立化ということを合わせて考えると、この隆起線文土器、もしくは弓矢文化成立の時期に大きな文化的な画期を認めることができる。

　また一方で、これらの状況と相反するように、宮之前南遺跡では、石器原料の目的的な獲得行動が認められ、神津島へわざわざ石材資源を別働的に遠征して獲りに行くような行動がみられた。これは、分業や協業的な特別な労働を示すとともに、石材資源などの原産地には、ある種の受け持ち領域（なわばり）を形成するような社会であった可能性を示唆していると考えられる。有茎尖頭器や隆起線文土器などの様々な文化要素が広域的に連動して分布する状況は、ある種の「開かれた社会」であると考察される。拠点的な集落や領域を形成し、受け持ち領域（なわばり）を形成する。あるいは、別働的に集団が結成されて活動する、そのような社会的な関係をもっていた。この開かれた社会は、ある種の分節化した社会、複雑化した社会であると評価できる。

4. 朝鮮半島の弓矢文化と土器文化の系譜

（1）済州島高山里遺跡の石鏃と土器

　最後に、弓矢文化の発生と展開の3番目（③）の論点に着目して、中国北部から朝鮮半島、そして日本列島との関係を示す事例について紹介し、広域的な検討による弓矢文化と土器のはじまり、あるいは「縄文文化」の物質文化的側面を意義づける。

　前節では、日本列島の弓矢文化や土器のはじまりと展開について、主に社会的な動機の面に注目してみてきた。完新世が始まったのち、約9000年前以降の本格的な「縄文文化」のはじまりの状況を捉えれば、特に朝鮮半島の南部については日本列島の状況と共通する状況にあるといえる。ここでは、済州島の西部に位置する高山里遺跡を取り上げよう。

　この島では、日本列島と比較し得るような遺跡がいくつか発見されている。高山里式とよばれている土器は、植物繊維の混和材を多く含み、静岡県三島市初音ヶ原遺跡などの土器とよく似た特徴を示している。年代値の一番古い事例をとると約12000年前、多くの放射性炭素年代値は約10000年前を示しており、韓国国内で最古の土器として新石器時代初頭に位置づけられている。本遺跡からは、前節でみた日本列島の事例と同様に、多数の住居状の遺構やその他遺構が切り合い関係を有している。「竪穴遺構」は、2015年の報告書では227軒、日本の住居址と同様な密集状況を示す。2014年に刊行された報告書でも303軒と多数の住居もしくはそれ以外の遺構が報告されている。この特定の地域、場所に、密集して遺構が形成さ

高山里遺跡遠景（済州文化遺産研究院 2014）

2013年調査の遺構群
（済州文化遺産研究院2015）

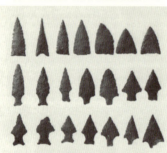
高山里遺跡出土の石鏃

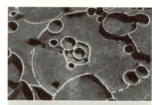

2012年調査の1号住居址（S2W1区）と
出土遺物（済州文化遺産研究院2014）

高山里遺跡出土繊維土器

2013年調査1号住居址（N4E1区）出土
繊維土器（済州文化遺産研究院2015）

静岡県初音ヶ原遺跡出土無文土器
（三島市教育委員会 1999）

図38　済州島高山里遺跡の遺構と遺物

れている状況は、朝鮮半島側には事例は皆無で、むしろ日本列島の状況と非常によく似ていると捉えられる。

図38は、高山里式土器にともなうと考えられる石器である。石鏃は、有茎のもの、無茎のものとある。そして植物質食料の加工具である磨石も認められており、日本列島の事例によく似ている。また、九州産と肉眼で判断される黒曜石製の剝片が1点出土しており、西北九州との関係を一層示唆する。こういった特徴をもった遺跡、石器や土器、遺構の重なり状況などは、朝鮮半島には現在までのところ確認されていない。つまり物質文化の展開として考えれば、日本列島の「縄文文化」の影響下になければ形成されない文化的内容である。

（2）朝鮮半島新石器時代の弓矢文化の系譜

次に、朝鮮半島の弓矢文化の指標となる石鏃を出土した遺跡について取り上げる。図39上には、日本の事例と比較するため、打製の石鏃の分布を示した。黒いドットが黒曜石製の打製石鏃が出土した遺跡で、白いドットは黒曜石でないほかの石材を使った遺跡である。黒曜石以外の石材は、済州島高山里遺跡と同じように、近傍で採取できる在地の石材を使っている遺跡である。太丸で括った範囲は、磨製の石鏃を使用している主な地域である。磨製石鏃についてみていくと、中国と北朝鮮の境にある鴨緑江周辺地域に多くの遺跡がある（図39下）。この地域の磨製石鏃は、骨鏃や骨角器をモチーフに製作されたと考えられている。動物の骨や角を磨いて作る磨製技術をオリジンとして石鏃を製作していると捉えられ、その技術的な系譜を示すのが磨製石鏃である。年代値については、比較的新し

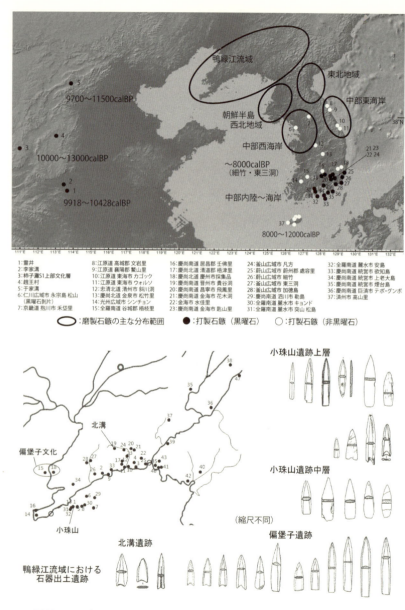

図 39 中国東北部の 12000 cal BP 前後の小形尖頭器と朝鮮半島の石鏃文化
（Geomap を下図に、鄭 2017、中央文化財研究院編 2012・2016 より作成）

く約 8000 年前以降の年代値である。さらに南に下がった地域、北朝鮮領の西北と、東北の地域でも抉りの深いものなど形態の変異はあるものの磨製石鏃が主体を占めている（図 40）。半島中部、ソウルを含む西海岸、東海岸においても、主体は磨製石鏃となっており、おおよそ同様な様相である。南部の内陸と、南部の沿岸になると、打製の石鏃の割合が高まってくる（図 41）。そして南部沿岸地域は、打製の石鏃が主体を占めるようになる。磨製石鏃も認められるが、少量でありきわめて排他的である。

　朝鮮半島の新石器時代全時期を通じて、これまでのところ、打製の石鏃が出土した遺跡は、おおよそここに示した遺跡でそのほとんどであると考えられる。将来、多くの遺跡が発見される可能性はあるものの、日本列島の事例と比較すると、遺跡数も、一つの遺跡から出土する石鏃の数量も、桁違いに少ないことが捉えられる。朝鮮半島南部の沿岸地域（30 遺跡前後）では、約 200 点程度の石鏃が発見されているが、そのうちの半数は黒曜石製の石鏃である（鄭 2017）。その黒曜石はほとんどが佐賀県伊万里市に所在する腰岳産の黒曜石であるという。

　これまで朝鮮半島では、ロシアや中国など北方からの影響で石鏃や出現期の土器がもたらされてきたと考える研究者が多かったようである。しかし、年代値をもとに広い地域で比較検討すると、北方からの影響だけで土器や石器の文化が形成されたのではなく、朝鮮半島の弓矢文化のうち少なくとも打製の石鏃から定義される弓矢文化については、日本列島の「縄文文化」の影響下になければ成立しなかったのではないかと考えられる。朝鮮半島の石鏃については、一つの遺跡から出土する量は少なく、多い遺跡でも 100 点にも満た

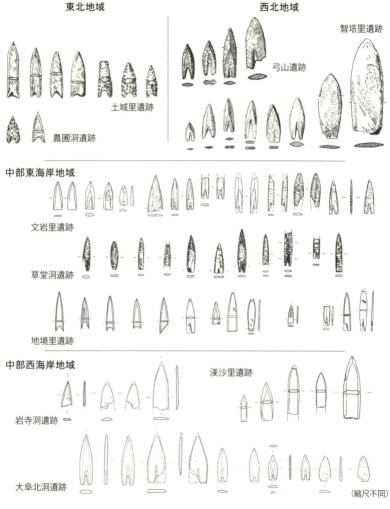

図 40　朝鮮半島における打製石鏃と磨製石鏃①（中央文化財研究院編 2016）

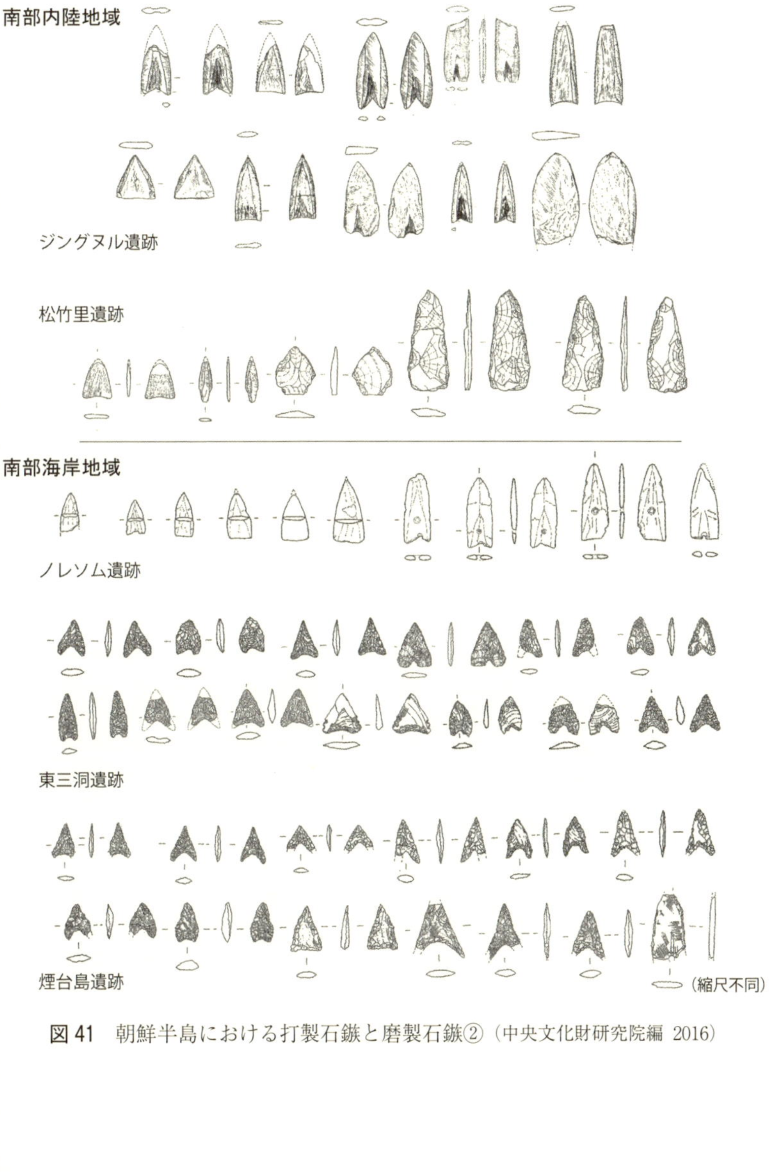

第 5 章　東アジア土器出現期の弓矢文化　　137

南部内陸地域

ジングヌル遺跡

松竹里遺跡

南部海岸地域

ノレソム遺跡

東三洞遺跡

煙台島遺跡

（縮尺不同）

図 41　朝鮮半島における打製石鏃と磨製石鏃②（中央文化財研究院編 2016）

ず、数十点という規模の遺跡が中心である。石鏃が最も多く出土し
ているのが、先に取り上げた韓国国内で最古の土器文化、弓矢文化
として位置づけられる済州島の高山里遺跡である。

　前項でみたように、この高山里遺跡の石鏃や石器組成、九州産黒
曜石の利用、繊維土器、累積的な居住痕跡を示す遺構群の切り合い
関係など、その文化的な要素は朝鮮半島の新石器時代文化の起源探
求と、日本列島における「縄文文化」の伸縮との両方の視点で考察
していく必要がある。物質文化の展開からみれば、日本列島と朝鮮
半島の弓矢文化と土器のはじまりは、連動していると捉えていく方
が意義深いと考えられる。

（3）東アジアにおける弓矢文化

　本章の内容をまとめ、結論を述べたい。

　① 有茎尖頭器や出現期石鏃から定義できる「弓矢文化」は、日
本列島の年代値が最も古く、かつ質量ともに最も充実している。

　②「弓矢文化」の技術的な系譜、つまり出自は、旧石器文化的な
伝統である大形の両面調整槍先形尖頭器、もしくは細石器石器群が
考えられる。これは日本列島においても、中国北部やロシアなどに
おいても同様で、東アジア全体で共通した技術基盤にあるといえ
る。ここに技術的系譜をもつ小形の尖頭器、もしくは小形の有茎尖
頭器が東アジアにおける弓矢技術、弓矢文化の指標となる。

　③ 日本列島における弓矢文化と土器のはじまりが示す社会的な
状況は、ある種の分節化した社会、複雑化した社会であった。比較
的狭い生業領域のなかで人々は居住活動や地域資源の開発を行って
いた一方で、有茎尖頭器や隆起線文土器、居住痕跡などの様々な文

第5章　東アジア土器出現期の弓矢文化　139

化要素が広域的に連動していた。また、ある労働に際しては別働部隊ともいえる集団が結成されて、分業的、専業的に活動する、そのような社会的な関係が形成されていた。

　そして、そうした集団は、更新世末の環境変動や新天地に適応し、初めて新大陸へと渡っていく、そのようなバイタリティをもった人々だったのではないか。島嶼環境にある伊豆諸島神津島産の黒曜石を利用していた状況からは、当然ながら、彼らは舟を漕ぐ技術、潮の流れを読み、方角を含めた空間識、危険な海を渡る航海の技術をもっていたことが推察される。有茎尖頭器や出現期石鏃、そして隆起線文土器を担った人々の文化的特性として評価したい。

　④ 朝鮮半島の新石器時代における「弓矢文化」の成り立ちは、北方に続く磨製の石鏃と、日本列島に連なる打製の石鏃とに、少なくとも二系統あると考えられる。この状況を日本列島に逆照射すれば、弓矢文化、あるいは「石鏃文化」の地理的展開は、時期によっても、担った集団によっても伸縮していた可能性が高い。そのような社会的な状況や物質文化の枠組みは、既存の「縄文文化」の枠組みを超えて定義され得るということを強調しておきたい。

　今後、土器の出現という要素、あるいは土器によって定義・細分されてきた「縄文文化」という枠組みは、これまで以上に様々な文化要素で再検証していく必要があろう。多様な観方で検証することで「時代」や「文化」の描かれる側面は変わるのではないか。そして物質文化の普遍性とその個別の展開を捉えることが重要である。そういったことが、弓矢文化から土器出現の背景を探ることの意義としておきたい。

　　　　　　　　　　　　　　　　　　　　　　（及川　穣）

コラム5
黒曜石の産地を探る

　黒曜石は一部の火山地域にのみ産するにもかかわらず、産地から遠く離れた遺跡でも発見されることが古くから知られてきた。これは何らかの人為的な理由・手段により、黒曜石が移動された結果と考えられ、そのため先史時代の物質交換等の実態を検討する重要な手がかりとして、考古学研究の比較的初期から注目されてきた。

　明治、大正期の地質学・鉱物学の主導者のひとり神保小虎（東京帝国大学）は、1886年に晶子形態法による遺跡出土黒曜石の産地分析の可能性を論じ（神保 1886）、その後この方法を用いた分析が1960年代前半頃までにいくつか行われた。

　1960年代は、欧米で「新しい考古学運動」とよばれる大きな研究改革が進められた時期であるが、この動向の一つに、自然科学的手法を導入した考古学研究がより推進されるようになったことが挙げられる。「新しい考古学運動」の中心人物のひとりであった英国の考古学者コリン・レンフリューらは、化学分析（発光分光分析 OES）による黒曜石産地分析法を開発し、地中海・西アジアにおける遺跡出土黒曜石の産地分析に導入した（Cann and Renfrew 1964）。これが化学組成の違いによる黒曜石製石器の産地分析の嚆矢である。

　レンフリューらの研究グループは、その後も化学分析にもとづく産地分析法による成果を蓄積し、計量地理学等で用いられた逓減モデル等を用いて、黒曜石産地と消費遺跡の関係等を検討し、地中海・西アジア地域周辺における考古学的脈絡のなかに位置づけることに一定の成功をおさめ、その後の研究に大きな影響を与えた（Renfrew 1975 ほか）。

　これらの動向を受けて、1960年代後半以降、日本でも渡辺直経と鈴

木正男、東村武信と薬科哲男、大沢眞澄と二宮修治らの研究グループにより、理化学的手法を用いた様々な黒曜石製石器の分析・研究が進められ、化学分析による産地分析法も試行錯誤された。1980年代後半以降、比較的簡便かつ非破壊で元素組成が同時に測定できるエネルギー分散型蛍光X線分析法が、文化財研究の基幹分析法の一つとなり、各研究機関に導入され、洗練された。エネルギー分散型蛍光X線分析法による化学分析にもとづく方法は、現在、日本における黒曜石産地分析法の最も一般的な方法となっている。

1980年代後半に一定の方法論的確立をみたエネルギー分散型蛍光X線分析による黒曜石産地分析法は、池谷信之と望月明彦らによる「全点分析」の提唱（望月ほか1994）とその後の実践、大工原豊と筆者らによる実践と考古学的考察への昇華（大工原2008ほか）、2000年に設置された明治大学黒耀石研究センターによる組織的な活動等も大きく影響し、良質な産地分析データ群が蓄積されつつある。

日本考古学協会2011年度栃木大会実行委員会の集成によれば、この時点で関東における縄文時代遺跡出土黒曜石について化学分析による産地分析が実施された遺跡は、計664遺跡（日本考古学協会2011年度大会実行委員会編2011）。しかし、このうち縄文時代草創期・早期前葉（撚糸文土器期）に属するデータは、22遺跡（茨城1、栃木2、群馬3、埼玉1、千葉2、東京5、神奈川8）と乏しく、その時空間的な変遷等を議論することは難しい。このなかには、茨城県後野A遺跡（無文土器期）で確認された青森県深浦産のようなきわめて遠距離の産地に由来する事例もあり、注目される。関東以外の同様の事例としては、山形県日向洞窟（草創期）、新潟県小瀬ヶ沢洞窟（草創期）における北海道白滝産、新潟県室谷洞窟（草創期）における深浦産、小瀬ヶ沢洞窟・室谷洞窟における関東産等の存在が知られ（薬科・小熊2002、建石ほか2008）、今後のデータの蓄積が期待される。

（建石　徹）

第6章　ユーラシアにおける土器のはじまり

　本書において各章で示しているように、土器の初現地はユーラシアの中でも東アジアに求められる。ここでは、土器出現期における地域間の関係をどのように検討していくかを論ずるために、日本列島の先史文化と中国大陸南部、ロシア東部、朝鮮半島南部および西アジアの先史文化の関係を中心にこれまでの研究の流れを振り返り、各地での炭素14年代測定データを比較して、ユーラシアにおける地域間の関係について考えたい。

　日本列島先史文化である縄文文化の成立期における土器出現期の年代と周辺地域の先史文化との年代対比については、以前より多くの研究がおこなわれている。シベリア東部における出現期の土器と日本列島における出現期の土器との関連性が以前から模索され、かつては日本列島の土器出現はアムール川流域・沿海州からの伝播と考える意見もあったが、炭素14年代測定の蓄積等によって現在ではその可能性はきわめて低いといえる。もちろん、近年においても日本列島と東シベリアとの関係については小畑弘己（2001）、福田正宏（2009）、長沼正樹（2010）などによって様々な側面から再検討が進められている。さらに他地域との比較による検討も進みつつあり、土器の成立に係わる旧石器時代晩期・終末期〜縄文時代草創期・早期の並行時期の中国南部地方の様相については、後藤雅彦に

表 5　ユーラシア各地における土器出現期の様相

cal BP	南九州	北九州	東日本	アムール中流	沿海州	華北	中国南部	朝鮮半島	西アジア
20000							仙人洞 (20000?)		
							玉蟾岩 (18000~15000)		
							廟岩 (18000~15000)		
		福井4層 (16000)	大平山元I (15800)						
15000	横井竹ノ山 (15000?)	福井3層 (15200)	御殿山 (15200)						
			隆線文1期 (15000)						
		福井3層上 (14800)							
	三角山1古 (14500)	泉福寺隆線 (14500)	隆線文2期 (14500)				甑皮岩 (14500)		
		福井2層 (14400)							
14000	三角山1新 (14000)								
	奥ノ仁田 (13500)		隆線文3期 (13500)	オシポフカ文化 (13500)			鯉魚嘴 (13500~12000)		
		河陽F (13200)	爪形紋 (13500~13000)						
13000	建昌城跡 (13000)		押圧縄紋 (13000)						
		大原D (12600)							
12000			多縄紋 (12000) 縄文早期						
	岩本弐古 (11700)	二日市・政所 (11400)	表裏縄紋 (11500)		ウスチノフカ3 (11000?)	于家溝 (11800) 扁扁洞 (10500)	吊桶環洞窟 (10000~12000)	高山里 (10000?)	セクル・アルア ヘイマル (8900)

注）（　）内の数字は cal BP の数値を示す。

よる東南中国を取り上げた論考が挙げられ（後藤 2009）、韓国新石器文化については大貫静夫（2015）の研究などがある。そうした研究の現時点における到達点として、本書においては、第1章で下釜和也が西アジア、第2章で福田正宏が東北アジア、第4章で國木田大が東アジアでの研究状況をまとめた。

　日本列島と朝鮮半島南部新石器時代との年代対比については、先駆的な坂田邦洋（1976）の試み以降、多くの試みがなされてきている。近年、韓国南部の済州島における高山里遺跡および類した土器を出土する遺跡群が複数例調査されるようになり、朝鮮半島における新石器文化の最古段階として高山里文化が注目されてきた。しかし、その年代データにはまだ不十分なところがあるとともに土器・石器・集落などの文化要素についても十分解明されているとはいえず、今後に資料の蓄積を図り日本列島の縄文時代草創期から早期にかけての土器文化と比較検討していく必要がある。

　さらに各地においてあらたな発見や年代的な検討も続けられており、簡単に論じる状況にはないが、ユーラシアにおける土器出現期の様相を予察する基盤として、先学諸氏の研究を参照しつつ、現時点における炭素14年代測定による年代的位置づけを概観し、本書におけるまとめとしておきたい。なお、以下における測定値などの出典については筆者の論考（小林 2014）を参照されたい。[1]

1．ユーラシアにおける土器出現期の研究状況

　以下に、近年の土器出現期の研究状況を整理するため、代表的な研究者による各地域の最古の土器の年代的位置づけを中心に韓国、

中国、ロシアの研究動向をまとめ、西アジアについては本書の第1
章（下釜）の見解にしたがって概述する。

（1）韓国における土器出現期の状況

a. 朝鮮半島の新石器時代土器編年の枠組み

　1986年に宮本一夫は朝鮮有文土器の編年を整理する中で、朝鮮
半島東北部の西浦項の編年を参照しつつ、西朝鮮では智塔里1号住
居址堆積層に相当する土器群が存在するとした。漢江流域の中朝鮮
では橡（トチ）の実形深鉢や文様構成が西朝鮮に類似するものの、
代表的な遺跡であるソウル市岩寺洞遺跡の層位的な状況が不明のた
め不明確とする。東朝鮮では鰲山里B地区の土器を最古に置く。
南朝鮮については釜山市東三洞貝塚の成果が基準となるが研究者に
よる差異もあるため、層位的所見を示している東亜大学による上老
大島の資料などから、隆起文と粒状文・円窩文をもつ朝島期を最古
とした。さらに半島全体の編年として、西浦項2期と弓山文化1期
の智塔里1号住居址を並行させ、より古い西浦項1期と鰲山里B
地区、朝島期をその時点の最古段階と位置づけた（宮本 1986）。

　近年の研究においても、対馬海峡西水道を挟んで朝鮮半島の隆起
文土器と九州の轟B式、瀛（ヨン）仙洞式―西唐津式の影響関係
はおおむね認められている。これら位置づけが確実な早期土器の年
代については、その並行関係から日本列島での年代に置き換え佐賀
県東名貝塚などでおこなった年代測定結果を踏まえると、縄文早期
末葉～前期最初頭に位置づけられる轟A式期が7565-7240 cal BP
に含まれる年代である。それより古くなる確実な年代的根拠は乏し
く、朝鮮半島における土器初現期がどこまで遡るかは明確ではない。

b. 高山里文化の内容と年代的位置づけ

　縄文早期後半には確実に並行する段階として、朝鮮半島内においては、新石器時代早期隆起文土器が存在している。より古い文化段階である後期旧石器から新石器への移行期と位置づけられる新石器時代草創期高山里文化として、植物繊維質土器である高山里式と石鏃を中心とした打製石器を出土する遺跡が済州島で多数確認されている。以下に、高山里文化についての研究状況を概観しておきたい。

　韓国済州島の高山里遺跡は、1989年に李清圭によって表採資料が紹介され、土器および隆起文土器が注目された（李・高 1995）。1990年代後半には高山里遺跡や類した内容を持つ遺跡の発掘調査がおこなわれた。高山里遺跡は遺跡包含層上部を覆う火山灰の熱ルミネッセンス測定結果が10180±65 BPとされ、11000〜10000年前と考える意見が多かった。

　済州島内の高山里文化の土器は、高山里式とされる植物繊維の混和が顕著な無文様の土器である。完形土器は知られていないが、直立気味の口縁部からやや湾曲してすぼまり平底の底部を持つ器形と考えられる。胎質はやや柔らかく、焼成も比較的不良なものが多い。高才元によれば、済州島内の金寧里遺跡、江汀洞遺跡、梧登洞遺跡、三陽洞三和地区遺跡、三陽洞三陽遊園地遺跡、外都洞運動場遺跡、猊來洞遺跡、城邑里遺跡などで確認されている（高 2013）。

　遺跡によっては、高山里式土器とともに多歯具または単歯具と称される先端を櫛歯状または串状に加工した工具による押捺（刺突）や押型点列文の土器があり、高山里式土器と同胎質の刺突点列文の土器と、砂質胎土の幅広の工具を押し当てたと考えられる之字形点列文土器がある。之字形点列文土器は三和地区遺跡、外都洞運動場

遺跡で高山里式土器とともに出土した（高 2013）。朝鮮半島朝島貝
塚で類した土器が出土しているとされる。点列文土器は器面研磨の
例が多い（高 2013）。高山里式と同胎質の刺突文土器は高山里式に
並行する可能性も考えられるが、他の類の土器は、共伴して出土す
る例のある隆起文土器と同じく、やや後出の土器ではないかと考え
られる。他に三陽洞三和地区遺跡では貫孔した円孔文土器が出土し
ているが、年代的な位置づけについては検討が必要であろう。

　高山里遺跡では、不定形・方形の細石核を持つ細石刃技法をも
ち、有茎式が多い石鏃・押圧剥離技法で両面加工される尖頭器・削
器・石錐などが出土する。礫石器としては棒状の磨石（磨棒）、石
皿状の磨盤などが出土している（高 2013）。

　加えて、高山里遺跡では黒曜石が 1 点出土しているが、肉眼観察
により西北九州産の可能性も指摘されている（高 2013）。

　高山里遺跡は先史遺跡整備のために、2012 年度から発掘調査さ
れ、2014 年に報告書が刊行された。発掘の結果、円形住居跡 27 棟
（方 2013）、竪穴遺構 353 基、野外炉跡 10 基などが検出された。大
部分の住居跡では床面からやや浮いた状態で高山里式土器が出土
し、一部の住居跡では少量の隆起文土器と無文様土器、押捺文土器
が出土し、時期的に区分できる可能性が指摘されている。出土物で
は、新たに漁網錘、半分に割れた玦状耳飾が出土し、注目されてい
る（方 2013）。2014 年の報告書によれば、高山里式土器をともな
う竪穴状遺構の炭化材は 8500-8600^{14}C BP、9500 年前頃の実年代
で、列島の縄文早期中葉に対比される。第 5 章で及川穣は縄文文化
の石器との共通性を指摘しており、今後も検討が必要である。

（2）中国における土器出現期の状況

a. 中国大陸における新石器時代土器編年の始まりの枠組み

中国東北地方の先史土器の編年をまとめた宮本一夫によると、遼東半島では平底深鉢を主体とし滑石を混入する小珠山下層期を最古とし、遼東では短幅連続弧線文、遼西では紅山の土器が重複連続弧線文と施紋を異にしている。瀋陽地区では新楽下層式が短幅連続弧線文で共通することから、小珠山下層と並行とする。さらに西北朝鮮では、胎土に石綿・滑石を混入する土器群のうち美松里下層・堂山の土器を最古とする。吉長地区は短幅連続弧線文、篦描き波状文、魚骨文をもつ二道嶺子・碾磨山の土器が該当すると整理した。さらに山東では大汶口前期が遼東の小珠山下層に並行し、さらに古く北辛の土器がみられ、中原では半坡の土器が小珠山下層に並行するとし、裴李崗・磁山の土器を編年している（宮本 1985）。東北アジアの土器編年を対比させ、遼東半島の小珠山下層は、南部朝鮮の新石器早期（隆起文土器）、対馬の越高・越高尾崎、北部九州の塞ノ神式・轟B式に並行させている（宮本 2004）。

後藤雅彦は中国東南部の土器出現期をまとめ、土器をともなわない打製石器主体の文化をI期、丸底土器の出現期をII期、曇石山文化など新石器時代後期をIII期としている（後藤 2009）。

b. 中国大陸南部における出現期の土器

中国大陸南部では、次々と遡る土器の出現が報じられている。中国大陸出現期の土器の用途は、黄河流域ではアワ・キビ、長江流域ではイネ、広東・広西以南で自然植物を調理・加工するためとの意見がある（小柳 2009）。

華北では、河北省徐水県南荘頭遺跡第6層で、磨盤（石皿）、磨

棒とともに土器が出土している。6層出土炭化物の炭素14年代は、8540±110〜10210±110^{14}C BPを示す（中国社会科学院考古研究所実験室 1993）。加藤真二らは河南省霊井遺跡などの細石刃にともない土器が出現していることを示し、山東省扁扁洞遺跡の年代測定をおこない、8505±45^{14}C BPの結果を得ている。華北での最古の年代としては、熱ルミネッセンス法による測定で于家溝11870±1720TL BPがあり、この完新世開始期前後が土器出現期としている（加藤ほか 2015）。

長江流域では江西省万年県仙人洞遺跡、吊桶環洞窟遺跡が丸底で厚さ0.7〜1.4 cmで器面に縄紋が施される土器が稲の栽培化と関連して出現するとされ、10000年前を遡ると中国の考古学者の間では考えられている。

中国南部の土器出現期の炭素14年代は、桂林甑皮岩遺跡などで、洞窟内の堆積層出土の炭化物や貝殻、獣骨などが測定されており、甑皮岩のほか仙人洞、豹子頭、白蓮洞（ただし試料は石灰）、鯉魚嘴、独石仔、江西岸、黄岩洞、朱屋岩、羅髻岩の測定値が集成されている（中国社会科学院考古研究所他 2003）。

嶺南山脈を越えた広西・広東北部には、甑皮岩遺跡などから、採集狩猟に依存していたと考えられる後期旧石器文化にともなう石器組成とともに土器片が出土しており、その年代は共伴する炭化物の炭素14年代測定から15000〜13000年前と考えられている。

後藤雅彦がまとめた所によると、南中国のI期では、広西壮族自治区の廟岩遺跡では土器の炭素14年代が15560±500^{14}C BP、15560±260^{14}C BP、鯉魚嘴遺跡は1期の砂質土器がともなう墓の人骨の炭素14年代が11450±150^{14}C BP、10510±150^{14}C BPなどと報

告されるほか、頂螄山貝塚遺跡第1期からも広西仙人洞遺跡と類した土器が出土する。また、東南中国沿海地方の土器出現期は後藤の言うII期以降（紀元前4000年紀）であるが、内陸に位置する英徳牛欄洞遺跡の第3期（10000～8000年前）に刃部磨製石器と共伴して土器が出現するとしている（後藤 2009）。

西村昌也は、後期旧石器から新石器にかけての年代測定結果を集成し、後期旧石器時代（Late Palaeolithic Age）が30000年前頃に始まった後、エピ旧石器時代（Epi-Palaeolithic Age）を8000～9000年前頃まで、その後前期新石器時代（Early Neolithic Age）への移行期としてバクソニアン・インダストリー（Bacsonian Industry）を7000年前頃までと位置付けている（西村 2006）。

湖南省道県玉蟾岩（Yuchanyan）遺跡では、後期旧石器時代の石器・骨角器やイネが出土するとともに、粗い砂粒を含む脆い胎質で器面に縄紋が施文とされる尖底丸底砲弾型（口径31 cm、器高29 cm）の土器が復元されている（小柳 2009）。土器は、1993年・1995年の調査でトレンチ1から2個体分の土器が発見されたもので、土器から抽出した残留物の年代測定で14390±230^{14}C BPと測定され、2004～05年の調査において上下の層から出土した27点の動物骨と炭化材の炭素14年代と合わせて、14000～18000年前に利用されたとされた。2004年調査で出土した土器に共伴するT11・T12の3H層出土の炭化材・動物骨の炭素14年代は14610-14975^{14}C BPと報告され、その上位の3E層出土の炭・骨は11855-13425^{14}C BP、下位の3I層出土の骨は17720±90^{14}C BPと報告された（Boaretto *et al.* 2009）。Boarettoらは土器の年代を下限15000年前、上限18300年前としている（Boaretto *et al.* 2009）。日本列

島と比較した場合、古く考えると大平山元Ⅰ遺跡よりも古くなり、新しく考えると隆線文土器開始頃の年代となる。

仙人洞（Xianrendong Cave）では土器出土層位の前後の層出土炭化物の測定から、20000年前を遡る年代の土器出土が報告されている（Wu *et al.* 2012）。土器をともなう3層（3A〜3C2層）およびその下位の4A・4B層の炭化物、動物骨、人骨などを測定し、西トレンチで土器がともなう最下層の3C1B層出土の骨試料で16165±55〜16915±186^{14}C BP、炭化物で16730±120〜18520±140^{14}C BP、東トレンチで最古段階の土器がともなう2B層から2B1層出土の骨試料で16030±55〜17105±60^{14}C BP、炭化物で16580±260および17460±210^{14}C BPとなり、最古の土器が20000年前となる可能性を示す（Wu *et al.* 2012）。ただし、その土器の写真を見る限り、文様が施文され焼成も比較的良好であり、土器の状況からは最古の出現期の土器との確証は持てないというのが筆者の意見である。

（3）ロシア・シベリア地方における土器出現期の状況

a. シベリア地方における編年的枠組み

ロシア・シベリア地域ではアムール川中・下流域においてオシポフカ文化期の13000〜15000年前に土器が出現し、遅れて沿海地方に土器が出現するとされている。ゴンチャルカ1遺跡、ガーシャ遺跡など、植物繊維を混入した平底の土器が出土しており、細石刃、細石刃核、両面調整尖頭器、部分的に研磨される石斧をともなう。これらの地域が土器の初現地であり、日本列島へ伝播した可能性を考えていた梶原洋は、内外面に条痕文を持つガーシャ1式（ガーシャ遺跡下層・フーミー遺跡・ゴンチャルカ1遺跡第3類）から、ガ

ーシャ 2 式ほか、外面に回転縄紋を持つグロマトゥーハ式へと編年する 7 つの型式を設定した（梶原 1998）。ハバロフスク州立博物館イゴーリ・シェフコムード（ШевкомудИ 2012）（故人）などハバロフスク州立博物館と日本人研究者の共同研究によってアムール川中流域のオプトフスカ文化の遺跡群の研究が進められてきた。

b. シベリア地方における土器出現期の年代

沿海地方では、ウスチノフカ 3 遺跡、チェルニゴフカ－アルティノフカ 5 遺跡、ゴルニー・フトル 2 遺跡などで細石刃とともに植物繊維を混入した土器が出土している。ウスチノフカ 3 遺跡で 9301 ± 21[14]C BP、チェルニゴフカ－アルティノフカ 5 遺跡で 9020 ± 65 ^{14}C BP の炭素 14 年代測定値がある。

ロシア極東地域・沿海地方の土器出現期に関して、互いの型式学的特徴が異なるウスチノフカ 3 遺跡、チェルニゴフカ 1 遺跡、アルマジンカ 1 遺跡出土土器が完新世初期に属する可能性が指摘されてきたが（加藤 2006 など）、アナトリー＝クズネツォフは出土層位を含め位置づけについて疑問視する見解（Кузнецов 2003）を示した。また小畑弘己や伊藤慎二らは、アムール川下流域のオシポフカ文化にともなうとされる土器は器面に条痕状整形をおこなう例が多いが、文様は円孔文、隆起線文、沈線文、条線文、爪形文、櫛文、無文など多様でまとまりがないと指摘している（小畑 2004、伊藤 2005）。ロシア沿海地方オシノフカ遺跡、ウスチノフカ 8 遺跡を調査した伊藤慎二は、新石器時代土器編年を再検討し沿海地方北東部・南西内陸部の新石器時代前期の最古段階としてルドナヤ文化古段階 a 期をおくが、一連の研究の中でウスチノフカ 8 遺跡の土器付着物の年代測定で 7020 ± 90 ～ 6770 ± 50[14]C BP の炭素 14 年代値が測

定された。これらの年代は、ヤロスラフ゠クズミンらの研究による
とルドナヤ文化に関連するペレヴァル遺跡 8360±60、ルドナヤ゠
プリスタニ遺跡下層 7690±80、7550±60、7390±100、チョルトヴ
ィ゠ヴァロタ洞窟遺跡 6825±45、6710±105、6575±45、6380±
45、5890±45[14]C BP などの測定値と比肩される。伊藤慎二は、次
時期のルドナヤ文化古段階 b 期を、沿海地方南西沿岸部の原ボイ
スマン文化期、アムール川下流域のコンドン文化（コンドン遺跡 8
号住居址）に対比させている（伊藤 2005）。

　國木田大が本書の第 4 章で論じているように、アムール川下流域
のオシノヴァヤレーチカ 10 遺跡発掘調査報告書におけるゴンチャ
ルカ 1 遺跡出土の AMS[14]C 年代測定結果など最近の測定では、
12000[14]C BP を遡る年代値はなく、較正年代で 13500 cal BP などの
年代が想定されることから、オシポフカ文化の年代は 15000 年前に
は達しない可能性が指摘されている（國木田ほか 2019）。

　これらの年代値を日本国内の年代に対比させると、筆者や國木田
大らが測定している北海道早期土器群では、浦幌式土器期の火災住
居炭化材が 7180±65 および 7285±35[14]C BP の測定値で、ルドナヤ
文化期は北海道早期貝殻条痕文土器古手に対比されると考えられる。

　福田正宏は、ロシアとの共同研究成果を元に、アムール川下流
域、サハリン、北海道までの新石器時代の編年を提示している（福
田 2015 ほか）。アムール川下流域については、シェフコムード・イ
ゴーリの定義にしたがい、オシポフカ文化を移行期として 12000〜
10000 年前とし、サハリンでもオスタンツェバヤ洞窟に分析例があ
るとするが、土器は報告されていないため言及できないとした。

　以上に見るように、13000〜15000 年前（近年の測定結果では國

木田の指摘するように13000〜13500年前）のアムール川流域のオシポフカ文化の出現期土器を認めるか、またはその後の9000〜8000年前と推定できるルドナヤ文化古段階a期をシベリア地域における最古の土器文化とするかで大きく意見が分かれている。

ゴンチャルカ1遺跡を代表として、アムール川中・下流域において両面加工の槍先、局部的な磨製を含む石斧、細石刃核と植物繊維と思われる有機質の混和した土器が出土しており、更新世から完新世への移行期に土器が出現していると捉えられるが、移行期における確実な土器様相を明らかにしつつ、その年代について明確にするために、土器付着炭化物や、炉など土器のともなう遺構出土の炭化材など、これらの出現期の土器にともなう炭素14年代値の測定結果のさらなる蓄積が待望される。

（4）西アジア

西アジアについては本書第1章の下釜和也による論考が最新の研究状況を的確にまとめているが、当地域における土器出現期は遡っても9000年前頃と捉えられている。農耕牧畜が西アジア先史社会の中で成立し、定住集落が確立した後に認められることから見て、東アジア各地の場合と異なり、文化変化の最初の引き金とはなっていないとみることができよう。

また、11000年前頃に北アフリカにおいて出現している土器から伝播してきたものかどうかについても否定的な見解が主となっており、東アジアの場合とも類似した状況もみられる。西アジアの土器出現期についても、今後もさらに議論が深まっていくことが期待される。

2. 東アジアにおける土器出現期の年代対比の展望

　上記で見てきたように、12000年前を超える、晩氷期のうちに土器出現期が遡る地域は、本書第3章ですでに論じた日本列島と、アムール川中・下流域、中国南部の3つの地域、すなわち東アジアの地域である。この中で、中国南部が最も古い出現である可能性が現時点では高いが、中国南部から日本列島、またはアムール川流域へと拡がったと考える伝播論的な考えは、途中の地域に間をつなぐ出現期土器が認められず、かなりの遠距離地域であることを考えると肯定することはできない。多元的に各地で発生したと考える多元発生説のほうが妥当であるように思える。

　いずれにせよ、アムール川流域、沿海地方、中国北部、中国南部、朝鮮半島など、東アジア各地と日本列島での土器出現期の年代について、検討していく必要が高まっている。

　済州島高山里文化の土器については、その時間的位置は縄文早期並行と下るものの、重要となる。それは、縄文文化成立期における繊維混入土器の系譜の問題と関連すると考えられるからである。済州島高山里文化と縄文草創期太平洋側土器文化の文化コンプレックスについて、土器の内容および石器組成、その技術的系譜、さらに竪穴住居や集落構成、できることならば生業形態など、文化的内容の位置づけを検討していくべきである。あわせて土器付着物や遺構出土共伴炭化材によって炭素14年代測定を数多く重ねていくことで、年代的な比較をおこなう必要があろう。

　少なくともアムール川流域、中国大陸南部、日本列島本州島東部

において13000年以上前の更新世に土器が出現していた可能性は高い。それらの土器出現期または初期の土器普及期において、互いに関連性を持っているのか、どこかからどこかへ伝播したのか、それぞれ独自に多元的に出現したのかについて、検討を重ねていかなくてはならない。さらに言えば、中国南部でも出現期土器の見いだされている遺跡は広域にわたっており、日本列島でも大平山元I遺跡を含む東日本と、福井洞穴・泉福寺洞穴を含む北九州、年代的な位置づけは未確定ながら横井竹ノ山遺跡など土器様相から見て出現期土器にならぶと予想される南九州など、地域が分散しているようにも見える。これらの小地域の差異があるのか、ある程度の範囲の広さの地域にまとめ得るのかについても検討していく必要がある。

　また、土器出現と生態的な環境との関係、そしてまた、生業や生活様式のどのような変化が土器を生み出すのかについて考えていかなくてはならない。さらにいうと、土器と文化的な変化をどのように関連づけられるかも検討を深める必要がある。日本列島では、出現期土器はそのまま縄文土器文化として質・量とも発展していくが、中国南部やアムール川中・下流域では、必ずしも土器文化として発展的に継承されていったとは言えない可能性があり、差異が認められる。一方で、西アジアの場合と違って東アジアでは各地域とも農耕の出現とは変わりなく土器が生み出され、かつなんらかの煮炊き・煮沸のために用いられていたことが、土器器面のスス付着が一般的なことから明らかである。

　各地域において、どのような環境変化や資源分布の変化と関連して土器が出現・普及したのか、またその過程はどのようなものだったのか、土器出現の要因や契機はどのようなものかを考えていかな

くてはならない。さらに、土器出現後に顕著となる竪穴住居に顕現する定住化の促進や、装飾品の発展や縄文文化で言えば土偶祭祀の出現などその他の文化要素の変化過程はどのように進展しているか、中国大陸内部における稲作との関連やアムール川流域で指摘されるような河川漁撈、日本列島における日本海側での植生変化や前田耕地遺跡例などにみるサケ・マスの遡上とその利用の可能性、やや時期が下る貝塚の出現など、生業活動の展開とどのように関連づけられるか、縄文文化に代表される土器文化の発展にどのようにつながっているかなど、東アジアにおける新石器文化の性格解明に重要な視点について、同様にさらなる検討が必要である。そのためにも遺跡、遺物の研究とともに、年代測定の蓄積と較正曲線の改訂を待って検討を重ねることによって、地域ごとの年代的位置づけを確定していく必要があることを、重ねて指摘しておきたい。

　以上、東アジアにおける土器出現期の研究状況をまとめ、出現期と思われる土器を出土した遺跡を中心とした年代測定研究を概略してきた。ロシア東部、中国南部、日本列島ともに、更新世に遡る年代に土器が出現している可能性が高いと考えるが、いまだ精密にその年代を絞り込むことは難しい。第1に出現期の土器の付着炭化物や土器に確実にともなう試料の年代測定数が少ないこと、第2に海洋リザーバー効果や洞窟遺跡における貝殻・骨試料などのリザーバー効果が不明瞭な部分があること、第3に較正曲線の精度向上の途上にあることがあげられる。較正曲線は、12000年前より古い年代の較正年代は精度においてより高精度化される必要があり、特に、過去の大気中の炭素14の濃度の変動が激しい16500年前から

第6章　ユーラシアにおける土器のはじまり　159

15000 年前頃まで較正曲線がフラットな年代が認められるため、更新世から完新世への移行する頃の年代決定について高い精度での較正曲線を求めることは難しいためである（工藤 2012）。較正曲線としては、水月湖などの湖底堆積物による年縞試料の測定により IntCal13 の新バージョンとして改訂されたが、2019 年末には改めて湖底堆積物について再検討が予定されている。坂本稔をはじめとした研究者たちによる日本の樹木年輪などの測定結果も加味されて IntCal が改訂される可能性もあると聞いている。

　さらに朝鮮半島においては、済州島の高山里文化の年代測定をはじめ、これからの研究が期待されるところである。いずれにせよ、出現期土器の研究、共伴する石器群の研究と、遺跡の立地、出土自然遺物からの生業復元、炭素 14 年代測定をはじめとする自然科学的な分析を推進していく必要がある。旧石器文化の終焉の時期における土器の出現の様相を把握し、環境史との関係を明確にしていくことで、人類史的発展段階を明らかにしていく努力が必要である。

注

（1）本章の 1 の東アジアに関する記述は、旧稿（小林 2014）に近年の新たな知見を追加した文章であり、本書の各章の論も参照したものであることを述べておく。また、これまでの学術振興会科学研究費補助金や中央大学学術シンポジウム、国立歴史民俗博物館「縄文はいつから !?」や古代オリエント博物館「世界の土器の始まりと造形」企画展示での共同研究などの成果を踏まえている。

（小林謙一）

参 考 文 献

【日本語】

安斎正人　2014『気候変動と縄紋文化の変化』同成社。

泉　拓良　2013「縄文文化の展開と地域性」『講座日本の考古学 3』3-20、
青木書店。

伊藤慎二　2005「ロシア沿海地方考古学調査報告 II―ウスチノフカ 8 遺跡の
研究―総括」『東アジアにおける新石器文化と日本』 II、21COE 考古学
シリーズ 4、國學院大學 21 世紀 COE プログラム基層文化としての神
道・日本文化研究グループ考古学班。

今村啓爾　2013「縄文時代研究史」『講座日本の考古学 3』青木書店。

内田和典　2011「アムール下流域の新石器時代土器編年」『東北アジアにお
ける定着的食料採集社会の形成および変容過程の研究』東京大学。

内田和典　2015「シベリア・極東の土器出現期」『季刊考古学』132、雄山閣。

内田和典ほか　2011「アムール下流域における前期新石器時代「コンドン 1
類型」について」『公開シンポジウム II　縄紋時代早期を考える』東北
芸術工科大学。

江坂輝弥・西田栄　1967「愛媛県上黒岩岩陰」『日本の洞穴遺跡』日本考古
学協会。

大塚達朗　2000『縄紋土器研究の新展開』同成社。

大貫静夫　2010「縄文文化と東北アジア」『縄文文化の輪郭』縄文時代の考
古学 1、同成社。

大貫静夫　2011「「極東」の考古学」『제 1 회 한국고고학연합대회 발표자료
집』。

大貫静夫　2015「中国・朝鮮半島の土器出現期」『季刊考古学』132、雄山閣。

大貫静夫ほか　2012「東部極東平底土器の形成過程について」『第 13 回北ア
ジア調査研究報告会発表要旨』。

大野尚子・小林謙一編　2014『中央大学文学部考古学研究室調査報告書 4
上黒岩第 2 岩陰遺跡』中央大学文学部考古学研究室・久万高原町教育委

員会。

小髙敬寛　2018「西アジア最古の土器は何に使われたのか？」『やきもの—つくる・うごく・つかう—』近代文藝社。

小畑弘己　2001『シベリア先史考古学』中国書店。

小畑弘己　2004「シベリア・極東地域の初期土器研究について」『考古学ジャーナル』519、ニューサイエンス社。

及川　穣　2004「神子柴・長者久保石器群をめぐる行為論—石器製作工程の類型化と遺跡の連関に関する考察—」『駿台史学』122、駿台史学会。

及川　穣　2008「有茎尖頭器石器群をめぐる行動論的研究—複数階層分析枠を利用した領域研究—」『旧石器考古学』70、旧石器文化談話会。

及川　穣　2014「日本列島における出現期石鏃の型式変遷と広域連動」『物質文化』94、物質文化研究会。

及川　穣　2015「石器に見る生活の変化（2）西日本」『季刊考古学』132、雄山閣。

及川　穣　2017「神奈川県長津田遺跡群宮之前南遺跡出土石器群の検討」『安蒜政雄先生古希記念論文集　旧石器時代の知恵と技術の考古学』雄山閣。

遠部慎・小林謙一編　2017『上黒岩第2岩陰遺跡—久万高原の岩陰遺跡確認調査概要報告書—』久万高原町教育委員会。

梶原　洋　1998「なぜ人類は土器を使い始めたのか—東北アジアの土器の起源」『科学』68-4。

加藤真二ほか　2015「華北土器出現期に関する予察」『第16回北アジア調査研究報告会　発表要旨』。

加藤晋平　1989「東北アジアの自然と人類史」『東北アジアの民族と歴史』山川出版社。

加藤博文　2006「アムールランドにおける新石器文化の成立過程：縄文文化の成立を考えるための比較試料として」『東アジアにおける新石器文化と日本』Ⅲ、21COE考古学シリーズ6、國學院大學21世紀COEプログラム研究センター。

河瀬正利　1988「帝釈峡遺跡群の埋葬」『日本民族・文化の生成』永井昌文教授退官記念論文集刊行集。

北沢実・山原敏朗編　2006『帯広・大正遺跡群2』帯広市教育委員会。

木村重信　1971『美術の始原』新潮社。

工藤雄一郎　2011「縄文時代のはじまりのころの気候変化と文化変化」『縄文はいつから!? ―地球環境の変動と縄文文化―』新泉社。

工藤雄一郎　2012　『旧石器・縄文時代の環境文化史 高精度放射性炭素年代測定と考古学』新泉社。

工藤雄一郎　2014「縄文時代草創期土器の煮炊きの内容物と植物利用」『国立歴史民俗博物館研究報告』187。

工藤雄一郎　2017「縄文時代の漆文化―最近の二つの研究動向―」『URUSHI ふしぎ物語―人と漆の 12000 年史』国立歴史民俗博物館。

工藤雄一郎　2018「動植物・資源」『日本考古学・最前線』雄山閣。

國木田　大　2007「石刃鏃石器群の年代」『環日本海北回廊における完新世初頭の様相解明』東京大学。

國木田　大　2018「年代測定・食性分析・遺伝人類学」『日本考古学・最前線』雄山閣。

國木田　大　2019「北東アジアにおける土器出現期の年代と食性分析」『日本考古学協会第 85 回総会 研究発表要旨』。

國木田大ほか　2010「押出遺跡のクッキー状炭化物と大木式土器の年代」『東北芸術工科大学東北文化研究センター紀要』9。

國木田大ほか　2011「アムール下流域における新石器文化変遷の年代研究と食性分析」『東北アジアにおける定着的食料採集社会の形成および変容過程の研究』東京大学。

國木田大ほか　2012「三十稲場式土器の年代と食性分析」『三十稲場式土器文化の世界』津南町教育委員会。

國木田大ほか　2017「2004 年ノボトロイツコエ 10 遺跡出土資料の放射性炭素年代測定」『更新世末期のアムール川下流域における環境変動と人類行動 Vol. 2』明治大学。

國木田大・松崎浩之　2019「オシノヴァヤレーチカ 10 遺跡（2015 年）出土試料の放射性炭素年代測定」更新世末期のアムール川下流域における環境変動と人類行動 vol. 4『オシノヴァヤレーチカ 10 遺跡（2015 年）発掘調査報告書』新潟県立歴史博物館。

久米正吾　2008「パイロテクノロジーのはじまり―先史西アジアの石膏・石灰プラスター工業研究―」『遺丘と女神―メソポタミア原始農村の黎明

—』東京大学出版会。

国立歴史民俗博物館　2006『広報誌歴博139 土器のはじまりの頃』国立歴史民俗博物館。

後藤雅彦　2009「東南中国における土器の起源と展開」『加藤晋平先生喜寿記念論文集物質文化史学論聚』北海道出版企画センター。

小林謙一　2012「日本列島における出現期の土器の様相」『増補　縄文はいつから!? ―地球環境の変動と縄文文化―』新泉社。

小林謙一　2014「東アジアにおける土器出現期の年代研究の現状と課題」『紀要』史学 59、中央大学文学部。

小林謙一　2017『縄紋時代の実年代―土器型式編年と炭素14年代―』同成社。

小林達雄　1996『縄文人の世界』朝日新聞社。

小柳美樹　2009「中国」『世界の土器の始まりと造形』古代オリエント博物館。

坂田邦洋　1976『対馬の考古学』縄文文化研究会。

佐々木藤雄　2002「縄文的社会像の構築」『異貌』18。

佐藤達夫　1964「女満別式土器について」『MUSEUM』157。

佐藤達夫　1971「縄紋式土器の課題」『日本歴史』277。

佐野勝宏　2017「狩猟具の発達とその進化・行動論的意義」『第13回総会・研究発表・シンポジウム発表要旨』日本旧石器学会。

シェフコムード（福田正宏訳）2008「古代アムール流域における技術と文化伝統」『開かれた東北　予稿集』東北芸術工科大学。

下釜和也　2018「ユーラシア石器の道、農耕牧畜の道、土器の道」『シルクロード新世紀―ヒトが動き、モノが動く―』展覧会図録、岡山市立オリエント美術館・古代オリエント博物館。

庄田慎矢・オリヴァー゠クレイグ　2017「土器残存脂質分析の成果と日本考古学への応用可能性」『日本考古学』43。

神保小虎　1886「黒曜石比較研究緒言」『人類学会報告』2。

鈴木三男ほか　2012「鳥浜貝塚遺跡から出土したウルシ材の年代」『植生史研究』21。

芹沢長介　1960『石器時代の日本』築地書館。

大工原　豊　2008『縄文石器研究序説』六一書房。

建石徹ほか　2008「縄文時代草創期遺跡出土黒曜石産地分析―新潟県内資料を中心として―」『津南シンポジウムⅣ　縄文文化の胎動―予稿集―』信濃川火焔街道連携協議会・津南町教育委員会。

谷口康浩　1999「長者久保文化期の諸問題」『大平山元Ⅰ遺跡の考古学的調査』大平山元Ⅰ遺跡発掘調査団。

谷口康浩　2004「日本列島初期土器群のキャリブレーション ^{14}C 年代と土器出土量の年代的推移」『考古学ジャーナル』519、ニューサイエンス社。

谷口康浩　2011『縄文文化起源論の再構築』同成社。

丹野研一　2017「西アジアにおける農耕起源とムギ類の栽培化」アジア考古学四学会編『農耕の起源と拡散』高志書院。

筑波大学西アジア文明研究センター編　2014『西アジア文明学への招待』悠書館。

長沼正樹　2010「アムール下流域のオシポフカ文化」『北東アジアの歴史と文化』北海道大学出版会。

夏木大吾　2018「北海道における縄文時代草創文化」『論集忍路子』Ⅴ。

日本考古学協会 2011 年度栃木大会実行委員会編　2011「石器時代における石材利用の地域相―黒曜石を中心として―」『一般社団法人日本考古学協会 2011 年度栃木大会研究発表資料集』。

二本柳正一ほか　1957「青森県上北郡早稲田貝塚」『考古学雑誌』43-2。

橋詰潤ほか編　2017『更新世末期のアムール川下流域における環境変動と人類行動 Vol.2』明治大学。

春成秀爾・小林謙一編　2009『国立歴史民俗博物館研究報告第 154 集　愛媛県上黒岩遺跡の研究』国立歴史民俗博物館。

兵頭　勲　2017『愛媛県歴史文化博物館資料目録第 25 集久万高原町上黒岩岩陰遺跡出土遺物』愛媛県歴史文化博物館。

深井晋司ほか　1973『マルヴ・ダシュトⅢ タルーイームシュキの発掘 1965』東京大学東洋文化研究所。

福田正宏　2009「東北アジアのなかの縄文文化」『日本考古学協会 2009 年度山形大会研究発表資料集』。

福田正宏　2015a「東北アジアのなかの東北先史文化」『東北の古代史 1』吉川弘文館。

福田正宏　2015b「道東の石刃鏃文化」『季刊考古学』132、雄山閣。

福田正宏　2017「石刃技法を用いた北方縄文集団と 8.2 ka 寒冷化イベント」『理論考古学の実践』同成社。

福田正宏　2018「縄文文化の北方適応形態」『国立歴史民俗博物館研究報告』208。

福田正宏編　2015『日本列島北辺域における新石器／縄文化のプロセスに関する考古学的研究』東京大学。

福田正宏ほか編　2011『東北アジアにおける定着的食料採集社会の形成および変容過程の研究』東京大学。

福田正宏ほか編　2014『環日本海北回廊の考古学的研究（Ⅰ）』東京大学。

藤井純夫　2001『ムギとヒツジの考古学』世界の考古学 16、同成社。

三島市教育委員会 1999『初音ヶ原 A 遺跡第 2 地点・初音ヶ原 B 遺跡第 3 地点』。

三宅　裕　1995「土器の誕生」『文明の原点を探る―新石器時代の西アジア―』同成社。

宮田栄二　2000「南九州の縄文時代草創期―遺構と居住活動―」『日本考古学協会 2000 年度鹿児島大会資料集第二集　旧石器から縄文へ―遺構と空間利用―』日本考古学協会 2000 年度鹿児島大会実行委員会。

宮本一夫　1985「中国東北地方における先史土器の編年と地域性」『史林』68-2。

宮本一夫　1986「朝鮮有文土器の編年と地域性」『朝鮮学報』第百二十一号、朝鮮学会。

宮本一夫　2004「北部九州と朝鮮半島南海岸地域の先史時代交流再考」『福岡大学考古学論集―小田富士雄先生退職記念―』小田富士雄先生退職記念事業会。

望月明彦ほか　1994「遺跡内における黒曜石製石器の原産地別分布について―沼津市土手上遺跡 BB Ⅴ層の原産地推定から―」『静岡県考古学研究』26。

森先一貴・佐藤宏之　2014「アムール下流域における前期新石器社会の石器技術と行動」『環日本海北回廊の考古学的研究（Ⅰ）』東京大学。

山内清男　1932「日本遠古之文化 二 縄紋土器の起源」『ドルメン』1-5。

山内清男　1969「縄紋草創期の諸問題」『ミュージアム』224。

山田　哲　2006『北海道における細石刃石器群の研究』六一書房。

吉田邦夫　2004「火炎土器に付着した炭化物の放射性炭素年代」『火炎土器の研究』同成社。

吉田邦夫　2014「土器のお焦げから見える縄文人の食卓」『歴博』187。

吉田邦夫・西田泰民　2009「考古科学が探る火炎土器」『火焰土器の国 新潟』新潟日報事業社。

米田穣ほか　2012「同位体分析からみた古墳時代～古代における食生態の多様性」『骨考古学と蝦夷・隼人』市民の考古学 12、同成社。

藁科哲男・小熊博史　2002「新潟県小瀬ヶ沢洞窟・室谷洞窟遺跡出土の黒曜石製遺物の原材産地分析」『長岡市立科学博物館研究報告』37。

【英語・フランス語】

Boaretto, E. *et al.* 2009 Radiocarbon dating of charcoal and bone collagen associated with early pottery at Yuchanyan Cave, Human Province, China. *Proceedings of the National Academy of Science of the United States of America* 106-24.

Braje, T. J. *et al.* 2017 Finding the first Americans. *Science* 358.

Cann, J. R. and Renfrew, C. 1964 The Characterization of obsidian and its application to the Mediterranean Region. *Proceedings of the Prehistoric Society* 30.

Cauvin, J. 1994 *Naissance des divinités, naissance de l'agriculture : la révolution des symboles au Néolithique.* CNRS Éditions.

Cohen, D. J. 2013 The Advent and Spread of Early Pottery in East Asia. *Journal of Austronesian Studies* 4-2.

Cohen, D. J. *et al.* 2017 The emergence of pottery in China: recent dating of two early pottery cave sites in South China. *Quaternary International* 441.

Craig, O.E. *et al.* 2013 Earliest evidence for the use of pottery. *Nature* 496.

Cruells, W. *et al.* 2017 Akarçay Tepe and Tell Halula in the context of the earliest production of ceramics in West Asia. *The Emergence of Pottery in West Asia.* Oxbow Books.

Erlandson, J. M. *et al.* 2008 Life on the edge: early maritime cultures of the Pacific Coast of North America. *Quaternary Science Reviews* 27.

Erlandson, J. M. and Braje, T. J. 2011. From Asia to the Americas by boat?

Paleogeography, paleoecology, and stemmed points of the northwest Pacific. *Quaternary International* 239.

Evershed, R. P. *et al.* 2008 Earliest date for milk use in the Near East and southeastern Europe linked to cattle herding. *Nature* 455.

Fukuda, M. and Grishchenko, V. A. 2017 The Adaptations of Neolithic Cultures in the Sakhalin/Japanese Archipelago. *The Proceedings of the 31st International Abashiri Symposium*, The Association for the Promotion of Northern Cultures.

Gakuhari, T. *et al.* 2015 Radiocarbon dating of one human and two dog burials from the Kamikuroiwa rock shelter site, *Ehime Prefecture anthropological science* 123-2.

Gibbs, K. *et al.* 2017 Exploring the emergence of an 'Aquatic' Neolithic in the Russian Far East: organic residue analysis of early hunter-gatherer pottery from Sakhalin Island. *Antiquity* 91.

Jordan, P. *et al.* 2016 Modelling the Diffusion of Pottery Technologies across Afro-Eurasia: Emerging Insights and Future Research. *Antiquity* 90.

Kunikita, D. *et al.* 2013 Dating charred remains on pottery and analyzing food habits in the Early Neolithic period in Northeast Asia. *Radiocarbon* 55-3.

Kunikita, D. *et al.* 2017a Radiocarbon dating and dietary reconstruction of the Early Neolithic Houtaomuga and Shuangta sites in the Song-Nen Plain, Northeast China. *Quaternary International* 441.

Kunikita, D. *et al.* 2017b Dating and stable isotope analysis of charred residues from Neolithic sites in the Primorye, Russian Far East. *Radiocarbon* 59.

Le Mière, M. 2017 The Earliest Pottery of West Asia: Questions Concerning Causes and Consequences. *The Emergence of Pottery in West Asia*. Oxbow Books.

Le Mière, M. and Picon, M. 1999 Les débuts de la céramique au Proche-Orient. *Paléorient* 24-2.

Li, Z. *et al.* 2017 Early pottery from the Lingjing site and the emergence of pottery in northern China. *Quaternary International* 441.

Nieuwenhuyse, O. P. 2017 The Initial Pottery Neolithic at Tell Sabi Abyad, northern Syria. *The Emergence of Pottery in West Asia*. Oxbow Books.

Nishiaki, Y. *et al.* 2015. Chronological Contexts of the Earliest Pottery Neolithic in the South Caucasus: Radiocarbon Dates for Göytepe and Hacı Elamxanlı Tepe, Azerbaijan. *American Journal of Archaeology* 119-3.

Nishiaki, Y. and Le Mière, M. 2005. The Oldest Pottery Neolithic of Upper Mesopotamia: New Evidence from Tell Seker al-Aheimar, the Khabur, Northeast Syria. *Paléorient* 31-2.

Nishiaki, Y. and Le Mière, M. 2017 The oldest Neolithic pottery from Tell Seker al-Aheimar, upper Khabur, northeastern Syria. *The Emergence of Pottery in West Asia*. Oxbow Books.

Odaka, T. 2017 The emergence of pottery in the Northern Levant: A recent view from Tell el-Kerkh. *The Emergence of pottery in West Asia*. Oxbow Books.

Renfrew, C. 1975 Trade as Action at a Distance: Questions of Integration and Communication. in *Sabloff, Ancient Civilization and Trade*, University of New Mexico Press.

Tsuneki, A. *et al.* eds. 2017 *The Emergence of Pottery in West Asia*. Oxbow Books.

Wang, Youping *et al.* 2015 Lijiagou and the earliest pottery in Henan Province, China. *Antiquity* 89.

Weber, A.W. *et al.* 2016 Chronology of middle Holocene hunter-gatherers in the Cis-Baikal region of Siberia: Corrections based on examination of the freshwater reservoir effect. *Quaternary International* 419.

Yoshida, K. *et al.* 2013 Dating and stable isotope analysis of charred residues on the Incipient Jomon pottery（Japan）. *Radiocarbon* 55-3.

【ロシア語】

Медведев, В. Е., Филатова, И. В. 2014 *Керамика эпохи неолит нижнего Приамурья（орнаментальный аспект）*. СО РАН.

Окладников, А. П. 1941 Неолитические памятники как источники по этногонии Сибири и Дальнего Востока. *Краткие сообщения ИИМК* 9.

Окладников, А. П. 1959 Древние амурские петроглиф и современная орнаментика народов Приамурья. *Советская этнография* 2.

Шевкомуд, И.Я., Яншина, О.В. 2012 Начало неолита в Приамурье. МАЭ РАН.

Кузнецов, А. М. 2003 Микропластинчатые Индустрии и Переход к Неодиту на Дальнем Востоке России 『東アジアにおける新石器文化の成立と展開』21COE 考古学シリーズ 1、國學院大學 21 世紀 COE プログラム国際シンポジウム予稿集、國學院大學。

【中国語】

中国社会科学院考古研究所他　2003『桂林甑皮岩』中国田野考古報告集、考古学専刊丁種第 69 号、文物出版社。

中国社会科学院考古研究所実験室　1993「放射性炭素測定年代報告（二〇）」『考古』1993（7）。

吉林省文物工作队　1983「内蒙古科尔沁右翼中旗嘎查石器時代遺址的调查」『考古』1983 年第 8 期、中国社会科学院。

山西大学历史文学院・山西省考古研究所　2017「山西吉县柿子滩遗址 S29 地点发掘简报」『考古』2017 年第 2 期、中国社会科学院。

【韓国語】

高才元（板倉有大訳）2013「遺物からみた済州島高山里文化」『韓・日初期新石器文化比較研究　韓国新石器学会・九州縄文研究会第 10 回韓・日新石器時代共同学術大会』。

済州文化遺産研究院　2014『済州高山里遺蹟』、2015『済州高山里遺蹟Ⅱ』。

中央文化財研究院編　2012『韓国新石器文化の様相と展開』書景文化社。

中央文化財研究院編　2016『新石器時代石器論』ジニンジン。

鄭澈　2017『韓半島南部地域新石器時代黒曜石製石器研究』釜山大学校考古学科碩士学位論文。

方文培（板倉有大訳）2013「高山里遺跡発掘調査の成果と意義」『韓・日初期新石器文化比較研究　韓国新石器学会・九州縄文研究会第 10 回韓・日新石器時代共同学術大会』。

李清圭・高才元　1995「高山里遺跡斗石器遺物」『済州新石器文化の源流』〈發表要旨〉1995 年度光復 50 周年記念國際學術シンポジウム、韓国新石器研究会、漢拏日報社。

お わ り に

　本書は、2017 年 12 月に中央大学大学院・中央大学人文科学研究所・学振基盤 B（炭素 14 年代測定による縄紋文化の枠組みの再構築）の研究成果に関する公開研究会として開催した、学術シンポジウム「文化の始まりを探る　土器の始まり・文字の始まり」のうちの土器の始まりを扱った部分をもとに、各講演者に書き下ろしていただいた論考を編んだものである。出版を快諾してくださった同成社および社長の佐藤涼子氏、編集の三浦彩子氏、図の作成をお願いした小林尚子氏らに感謝の意を表したい。

　当日のシンポジウムの基調発表をお願いした論者には論考（章）部分を、成果報告をお願いした論者には本書ではコラムをお願いした。コラムとして記していただいた方々も、さらに発展させるべき内容を有していたが、今回は紙幅の関係もあり、掌編にとどめていただいた。また、研究会では「文字の始まり」についても論者を得て、土器と文字とに代表させた文化の発祥について議論を深めた。そうした点については、将来別の機会にまとめたい。

　最後に、2017 年 12 月の中央大学大学院学術シンポジウムの内容を記し、記録に残しておくこととしたい。

　◇ 12/16（土）大学院学術シンポジウム「文化の始まりを探る」
　　のうち「土器の始まり」

　　・及川穣：東アジアにおける石鏃文化の始まりと展開

- 福田正宏：北東アジアにおける土器の出現と新石器時代の環境適応
- 國木田大：北東アジアにおける土器の出現と食性復元
- 下釜和也：西アジアにおける土器・農耕の始まり
- 小林謙一：日本列島における土器の出現

◇ 12/17（日）人文研公開講演会・小林科研成果報告会
- 建石徹：縄紋時代草創期・早期の黒曜石産地
- 河西学：縄紋時代草創期・早期の土器胎土
- 遠部慎：縄紋文化における岩陰居住の再評価
- 坂本稔：土器付着炭化物の炭素 14 年代と安定同位体分析
- 小林謙一：実年代による縄紋文化の再編成
- 工藤雄一郎：日本列島における漆文化の起源について

2019 年 3 月

小 林 謙 一

執筆者紹介 （五十音順、編者を除く）

及川　穣（およかわ　みのる）
1977 年生まれ。
島根大学学術研究院人文社会科学系准教授。
主要論著
「日本列島における出現期石鏃の型式変遷と広域連動」『物質文化』94、
2014 年。「長野県霧ヶ峰地域における黒曜石原産地の研究」『資源環境と
人類』6、2016 年。「山陰・中国山地における後期旧石器時代の黒曜石利
用」『島根県古代文化センター研究論集』19、2018 年。

遠部　慎（おんべ　しん）
1976 年生まれ。
久万高原町教育委員会。
主要論著
『犬島貝塚―瀬戸内海最古の貝塚を求めて―』六一書房、2009 年（共編
著）。「出現期土器の年代測定値の評価」『物質文化』94、2014 年。「雲仙
火山周辺の考古学研究」『月刊地球』36-8、2014 年。

河西　学（かさい　まなぶ）
1956 年生まれ。
公益財団法人山梨文化財研究所地質研究室長。
主要論著
「胎土分析からみた土器の産地と移動」『移動と流通の縄文社会史』雄山
閣、2010 年。「伊豆諸島出土縄文土器の岩石学的手法による胎土分析」
『環境史と人類』第 5 冊、2011 年。「土器胎土からみた縄文土器の混和材」
『帝京大学文化財研究所研究報告』第 17 集、2018 年。

工藤雄一郎（くどう ゆういちろう）

1976 年生まれ。

学習院女子大学国際文化交流学部准教授。

主要論著

『旧石器・縄文時代の環境文化史—高精度放射性炭素年代測定と考古学—』新泉社、2012 年。『ここまでわかった！ 縄文人の植物利用』新泉社、2014 年（共編著）。「縄文時代の漆文化—最近の二つの研究動向—」『URUSHI ふしぎ物語—人と漆の 12000 年史』国立歴史民俗博物館、2017 年（共編著）。

國木田　大（くにきた だい）

1980 年生まれ。

東京大学大学院人文社会系研究科特任助教。

主要論著

Dating charred remains on pottery and analyzing food habits in the Early Neolithic period in Northeast Asia, *Radiocarbon* 55, 2013（共著）。『フィールドの見方』古今書院、2015 年（共著）。『日本考古学・最前線』雄山閣、2018 年（共著）。

坂本　稔（さかもと みのる）

1965 年生まれ。

国立歴史民俗博物館教授／総合研究大学院大学教授。

主要論著

「表計算ソフトによる炭素 14 年代較正プログラム RHC バージョン 4」『国立歴史民俗博物館研究報告』176、2012 年。『築何年？ 炭素で調べる古建築の年代研究』吉川弘文館、2015 年（共編著）。Fine Structure and Reproducibility of Radiocarbon Ages of Middle to Early Modern Japanese Tree Rings, *Radiocarbon* 59, 2017（共著）。

下釜和也（しもがま かずや）

1978 年生まれ。

古代オリエント博物館研究員。

主要論著

『バビロニア都市民の生活』同成社、2010 年（共訳）。「西アジア・メソポタミアにおける都市文明と神殿」『古代における権力の生成』朝日新聞出版。Graves Before Settlement: the Early Bronze Age Extramural Cemetery and the Sedentary Settlement of Tell Ali al-Hajj at Rumeilah on the Syrian Middle Euphrates, *Bulletin of the Ancient Orient Museum* XXXV, 2016.

建石　徹（たていし　とおる）

1969 年生まれ。

奈良県地域振興部次長（文化資源担当）。

主要論著

『日本の美術 496　縄文土器　前期』至文堂、2007 年。『現代に活きる博物館』有斐閣、2012 年（共著）。『特別史跡高松塚古墳発掘調査報告—高松塚古墳石室解体にともなう発掘調査』同成社、2017 年（共編著）。

福田正宏（ふくだ　まさひろ）

1974 年生まれ。

東京大学大学院人文社会系研究科准教授。

主要論著

『極東ロシアの先史文化と北海道　紀元前 1 千年紀の考古学』北海道出版企画センター、2007 年。『日本列島北辺域における新石器／縄文化のプロセスに関する考古学的研究』東京大学、2015 年（編著）。「縄文文化の北方適応形態」『国立歴史民俗博物館研究報告』208、2018 年。

市民の考古学⑯

土器のはじまり

■編者略歴■

小林謙一（こばやし・けんいち）

1960 年、神奈川県生まれ。

慶応義塾大学大学院文学研究科修士課程修了、総合研究大学院大学
文化科学研究科博士後期課程修了。博士（文学）。

現在、中央大学文学部教授。

〔主要著書〕

『縄紋社会研究の新視点―炭素 14 年代測定の利用―』六一書房、
2004 年。『縄紋文化のはじまり　上黒岩岩陰遺跡』（シリーズ遺
跡を学ぶ 70）新泉社、2010 年。『発掘で探る縄文の暮らし　中央
大学の考古学』中央大学出版部、2011 年。『縄文はいつから!?
地球環境の変動と縄文文化』（共編）新泉社、2011 年。『縄文時
代の食と住まい』（編著）同成社、2016 年。『縄紋時代の実年代
講座』同成社、2019 年。

2019 年 6 月 30 日発行

編　者　小　林　謙　一

発行者　山　脇　由紀子

印　刷　㈱精　興　社

製　本　協　栄　製　本　㈱

発行所　東京都千代田区飯田橋 4-4-8　　　（株）同成社
　　　　（〒102-0072）東京中央ビル
　　　　TEL 03-3239-1467　　振替 00140-0-20618

ⒸKobayashi Kenichi 2019. Printed in Japan
ISBN978-4-88621-825-4　C1320